_____ 님,

어제보다 더 나은 내일을
응원합니다.

스테이블코인 전쟁
2026년
경제전망

스테이블코인 전쟁
2026년 경제전망

2026년을 결정지을
20대 경제트렌드

경제 읽어주는남자

김광석 지음

프롤로그

서로 아닌 우리

햇볕만으로 싹을 틔울 수 없고,
빗물만으로 꽃을 피울 수 없네
서로 다르지만
우리 되어, 꽃을 피운다.

왼쪽만으로 싹을 틔울 수 없고,
오른쪽만으로 꽃을 피울 수 없네
서로 다르지만
우리 되어, 꽃을 피운다.

나의 생각과
너의 생각이
평행선을 걷는 게 아니라
같은 방향을 걷는 것이다.
서로 아닌 우리

                              2026년 경제전망서 집필을 마무리하며, 김광석

정답이 없는 숙제의 답을 찾아야 한다. 한 번도 가보지 않은 길에서 길을 찾아야 한다. 한 번도 경험해보지 않은 경제에서 대응책을 찾아야 한다.

세상이 변형되고 있다. 트럼프 대통령은 관세를 무기 삼아 동맹국이라고 칭했던 나라들에게 수십억 달러의 투자를 끌어내고 있다. 세상은 과거의 약육강식과 식민지 시대로 회귀됐다. 강대국이 약소국의 노동력을 빼앗고, 자원을 강탈해가는 시대로 회귀되었다. 자유무역 체제와 자본주의 근간이 흔들리고 있다. 중국, 인도, 러시아, 브라질 등의 신흥 강국들은 연대를 강화하고 있다. 이념이 아니라 이해관계를 같이하는 나라들이 힘을 합쳐 연대하고 있다. 세계화 Globalization 가 멈추고, 분절화 Fragmentation 가 전개되고 있다. 우리가 살아가고 있는 세상이 공간적으로 변모하고 있다.

지경학적 분절화 Geoeconomical Fragmentation 의 시대가 왔다. 잘 맞추어진 지구본 퍼즐이 흩어져 파편화되고 있다. 세계 주요국들은 이념을 뒤로하고, 실리적으로 협력할 국가들과 연대하고 있다. 지경학 Geo-economics 은 경제적 수단, 즉 무역정책, 경제정책, 경제제재 등을 사용하여 정치적 목표를 달성하는 현상을 의미한다. 지정학 Geopolitics 이 지리적 요인을 기반으로 정치적 목적을 달성하는 것과 달리, 지경학은 경제를 '무기'로 삼아 국가 간의 '패권 전쟁'을 벌이는 것을 뜻한다.

한 나라 안에서도 서로 분절되고 있다. 하나의 현상을 가지고도 이념적으로 대치되어 있다. 진보적 이념을 갖는 국민은 진보 정부의 정책이 '모두 옳다'라고 말하고, 보수적 이념을 갖는 국민은 진보 정부의 정책을 '모두 그르다'라고 말한다. 어떻게 모두 옳고, 모두 그를 수 있는가? 어느 쪽은 반미 친중을 외치고, 어느 쪽은 친미 반중을 외친다. 어느 쪽은 원자력을 외치고, 어느 쪽은 태양광을 외친다. 이해관계 역시 마찬가지다. 집을 가진 이는 '집값 올라야 한다' '금리 내려야 한다'라고 말하고, 집을 갖지 않은 이는 '집값 내려가야 한다' '금리 올려야 한다'라고 말한다. 이 밖에도 지역 간, 세대 간, 빈부 간, 남녀 간의 분절화가 전개되고 있다.

시간적으로도 어제와 내일이 분절화되고 있다. 어제의 공식으로 내일의 숙제를 풀어낼 수 없다. 어제의 지도로 내일의 길을 찾아선 안 된다. 2026년 스테이블코인은 화폐 혁명을 이루고, 지금까지의 금융 질서를 뒤바꿔놓을 것이다. 신흥국들의 경우 자국 통화가 잠식될 수 있다. 100년의 시간 중 1쿼터를 지낸 우리는 낯선 2쿼터에 맞닥뜨려졌다. 2025년까지의 경제와 2026년의 경제는 전혀 다르다.

불확실성과의 싸움이 시작되었다. 지정학이라는 도구 없이는 경제적 현상을 이해할 수 없다. 지정학적 불안은 통제할 수 없다. 대응할 뿐이다. 본서 『스테이블코인 전쟁 2026년 경제전망』은 2026년의 경제를 '분절점Point of Fragmentation'이라고 정했다. 매년 경제전망서를 발간하면서 그 해를 하나의 점으로 표현하고 있다. 점들을 이으면 하나의 선이 되듯, 본서를 통해 그 흐름을 읽어나가며 적절한 대응책을 찾는 데 도움이 되었으면 하는 마음이다.

흔들리지 않아야 한다. 지정학적 변동은 금융시장을 요동치게 한다. 시대의 변화를 읽어낸다면, 거스를 수 없는 변화를 읽어낸다면, 기조적인 흐름을 이해한다면 흔들리지 않을 수 있다.

총체적으로 보라. 일부를 보지 말고 전체를 보라. FOMC 회의록에 담긴 말을 마음에 담는다.

"어떤 특정 상황이 아니라 총체적인 접근으로 결정한다(Monetary policy decisions... depend on the totality of the incoming data rather than on any particular data point)."

자동차가 흔들리는 이유는 여러 가지다. 엔진 고장일 수도 있고, 바퀴에 문제가 있을 수도 있지만, 도로가 울퉁불퉁할 수도 있다. 바퀴만 보아도 안 되고 도로만 보아도 안 된다. 본서의 목적은 2026년에 불어닥칠 거대한 변화를 총체적으로 볼 수 있도록 돕는 데 있다.

"경제를 모르고 투자하는 것은 눈을 감고 운전하는 것과 같다." 『경제 읽어주는 남자』를 통해 처음 남겼고, 매년 경제전망서에서 재인용하는 문구다. 이 말은 반드시 재테크만을 이야기하는 것이 아니다. '나'에 대한 투자는 물론, 기업들의 신사업 투자와 정부의 정책 방향도 포함된다. 어떤 경제환경에 놓이게 되고, 어떤 위협 요인이 있으며, 또 어떤 기회 요인이 있을지를 기민하게 살펴봐야 한다. 눈을 감고 운전하는 일이 없어야 하겠다.

본서는 '먼저 읽어보기'로 시작한다. 왜 '경제전망'을 읽어야 하는지, 2026년 경제를 왜 '분절점'이라고 규명했는지 설명한다. 이어서

2026년을 결정지을 20가지 경제 트렌드를 기술한다. 20가지 경제 트렌드는 크게 3가지 영역으로 구분된다. 세계 경제의 주요 트렌드 6가지, 한국 경제의 주요 트렌드 8가지, 그리고 산업·기술 관점에서의 트렌드 6가지다. 한국 경제의 8가지 트렌드 중에는 부동산 시장 전망이 포함된다. 끝으로 세계경제와 한국 경제가 어떠한 흐름으로 전개될지를 분석한 경제전망을 담고, 가계·기업·정부가 각각 어떻게 대응해야 할지를 요약적으로 제안했다.

그동안 '경제전망 시리즈'에 보내주신 독자들의 관심이 본서를 있게 했다. 거시경제의 변화가 '일상의 경제'에 녹아들 수 있도록 고민케 해주었다. 유튜브 '경제 읽어주는 남자' 구독자분들의 다양한 입장에서 주신 의견들은 자칫 치우칠 수 있는 분석을 바로 설 수 있게 안내해주었다. 데이터로 본 경제보다 일상의 경제는 확실히 험상궂었다. 방송 토론에서 만난 연구자들의 반론은 미처 보지 못한 옆면도 밑면도 다시 볼 수 있게 도와주었고, 기업 강연에서 만난 경영자들의 고민은 창 안에서 지켜만 보는 것이 아니라, 창밖으로 뛰쳐나가게 했다. 정부 자문회의에서 만난 자문위원들과의 토론은 가녀린 생각을 두텁게 보강해주었다. 본서『스테이블코인 전쟁 2026년 경제전망』을 통해 그 관심과 도움에 보답하고, 매년 경제전망 도서를 발간하겠다는 약속을 지킬 수 있게 되었다.

한 해를 또 지나니, 장석주 시인의『대추 한 알』이라는 시가 더 큰 울림을 준다. "대추가 저절로 붉어질 리는 없다. 저 안에 태풍 몇 개,

천둥 몇 개, 벼락 몇 개." 책상머리에서만 고민했다면 대추가 익을 리 없었다. 몇백 번 자기소개서를 고쳐 쓰고, 몇백 번 거울을 보며 면접을 준비하는 청년의 마음을 담았다. 병과 싸우는 게 아니라 병원비와 싸워야 하는, 아픈 아이를 키우는 어머니의 눈물도 담았다. 창문을 닦으며 손님이 들어오기만을 기다리는 식당 할머니의 주름도 담았다. 원가 좀 내려달라는 고객사의 으름장과 월급 좀 올려달라는 직원들의 요구와 이 모든 것을 이겨내야 하는 중소기업 사장님의 한숨도 담았다. '서로가 아닌 우리'라는 마음으로 한 자, 한 자 적어나갔다. 수많은 태풍과 천둥과 벼락을 담아 본서를 발간하고자 한다.

"앞으로 경제가 어떨까요?"라는 일반 대중 여러분들의 질문에 다가가 대답해드리고자 한다. 연구자들만의 언어가 아닌, 대중 여러분들께 쉬운 언어로 전달해드리고자 한다. 경제 읽어주는 남자 김광석은 매년 경제전망 도서를 발간할 계획이다. 본서는 그 여덟 번째 도서다. 2025년 8월 잭슨홀 미팅에서, 제롬 파월 연준 의장이 임기 마지막 연설을 하면서 마무리한 말이다. "I am proud to be part of that tradition." 2050년까지 경제전망서를 발간하기로 한 약속을 지켜나갈 수 있게 되었다는 점에서 스스로에게 자랑스러움을 느낀다. 여러분들께서 갖고 계신 "앞으로 경제가 어떨까요?"라는 질문에 본서와 함께 다가가 대답을 드리고자 한다.

먼저 읽어보기

2026년
주요 경제 트렌드 선정

분절점 Point of Fragmentation 2026년

어제 경험한 세상과 내일 살아갈 세상이 완전히 다르다. 세계 경제는 변형하고 있다. 자동차였다가 로봇으로 바뀌는 변신 로봇처럼 말이다. 세계화Globalization가 멈추고 '지경학적 분절화Geoeconomical Fragmentation'가 전개되고 있다. 지금까지 경험한 세계 경제 질서와 향후 세계 경제 질서는 완전히 바뀔 것으로 보인다.

지정학이라는 도구로 경제 현상을 이해해야 한다. 지경학Geoeconomics은 지정학Geopolitics과 경제학Economics의 합성어다. IMF, OECD, 세계은행, WTO 등의 국제기구들과 저명한 경제학자들이 지경학적 분절화가 전개되고 있음을 강조해왔다. 2023년 CEPR[1]과 IMF의 공동 연구는 지경학적 분절화가 세계 경제의 하방 압력으로 작용하기 시작했음을 강조했고, 2025년 OECD는 트럼프 2.0 시대의 지정학적 불안이 고조되면서 불확실성과의 싸움Tackling Uncertainty이 시작되었음을 경고한 바 있다.

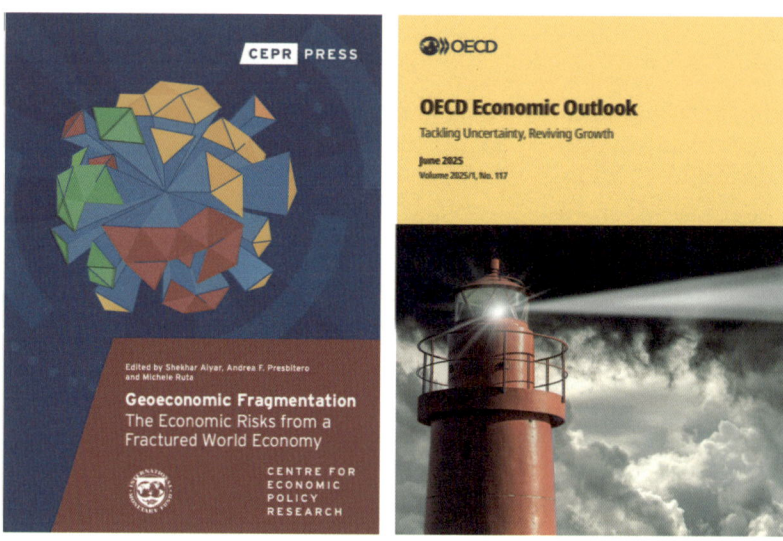

자료: CEPR and IMF(2023.10)   자료: OECD(2025.6)

---

[1] CEPR(The Centre for Economic Policy Research)은 1,700여 명의 경제학자들로 구성된 네트워크 연구기관으로, 정책 연구 중심의 독립적 싱크탱크의 기능을 수행하고, 경제 및 사회 정책에 관한 객관적이고 독립적인 연구와 공공 교육을 수행하는 비영리 조직이다. CEPR은 미국과 유럽에 각각 별도의 조직이 존재하며, 정책 결정자와 시민사회, 민간 부문에 정책적 근거를 제공하는 연구 활동을 중점적으로 진행한다.

세계가 조각난다. 세계의 지형이 부서져 다른 지형으로 변모하고 있다. 곳곳에서 전쟁이 일어나고 있고, 세계 각국은 국방비를 올려 잡고 있다. 지정학적 이유와 경제적 편익을 목적으로 분쟁이 멈추지 않고 있다. 2025년 등장한 트럼프 행정부는 자본주의의 근간을 흩트려 놓고 있다. 상호관세를 무기로 동맹국이라 칭하던 국가에게 투자를 강요하고 있다. 중국, 인도, 러시아, 브라질 등의 신흥 강국들은 연대를 강화하고 있다. 현대식 이합집산 離合集散과 합종연횡 合從連衡이 나타나고 있다. 즉 이해관계를 같이하는 여러 국가가 힘을 합쳐 연대하고 강대국에 대항하는 외교 전략을 취하는 것이다.

지경학적 분절화(Geoeconomical Fragmentation)

자료: ChatGPT

지정학적 불안과 무역 장벽이 세계교역에 미치는 영향

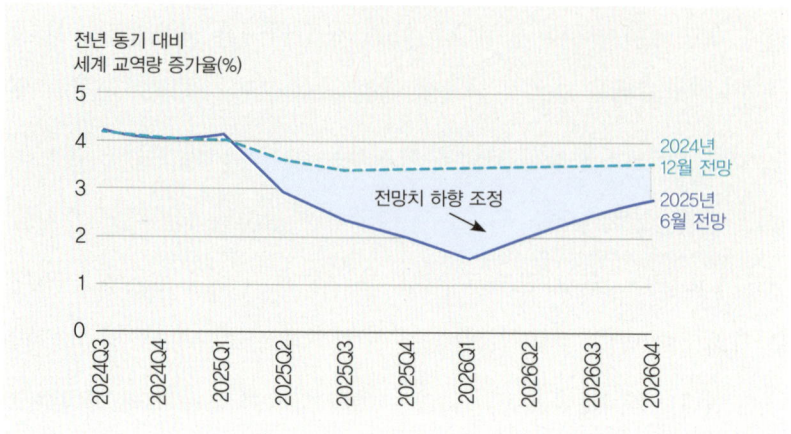

자료: OECD(2025.6.), 「OECD Economic Outlook」

자유무역 체제가 무너지고 있다. 보호무역 조치는 세계화를 멈춰 세웠다. 2025년 트럼프 미국 대통령의 행정명령으로 시작된 관세전쟁은 극단적 보호무역주의 시대로 세계 경제를 내몰았다. 그동안 자유시장 경제에서 경쟁력을 확보한 기업들이 큰 시장으로 진출해 나갔겠지만, 일방적으로 세워놓은 관세 및 비관세 장벽이 이를 막아 세웠다. OECD는 이러한 지정학적 불안과 무역 장벽이 세계 교역을 침체케 할 것으로 분석했다.

2026년
흔들리지 않는 나무처럼

아무리 경제가 흔들려도 나는 흔들리지 않아야 한다. 작은 배는 파도에 요동치지만 큰 배는 흔들리지 않는다. 약한 나무들은 바람에 흔들리지만 뿌리 깊은 나무는 어떤 바람에도 굳건하다. 큰 배가 되자. 뿌리 깊은 나무가 되자.

흔들리지 않는 나무처럼 '준비된 나'를 만들자. "경제를 모르고 투자하는 것은 눈을 감고 운전하는 것과 같다." 필자의 저서인 『경제 읽어주는 남자』를 통해 처음 남겼고, 매년 경제전망서에 재인용하는 말이다. 가계는 경제 흐름에 맞는 현명한 자산 관리를 해야 한다. 물가, 금리, 환율 등의 거시경제 변수들은 주식, 부동산, 채권 등의 자산시장과 톱니바퀴 굴러가듯 연결되어 있다. 거시경제 변수들의 움직임에 따라 돈의 움직임이 있다. 특히 금리가 올라갈 때 돈은 은행으로 몰리고, 금리가 내려갈 때 돈은 주식, 부동산 시장으로 이동한다. 돈이 어디서 어디로 이동하는지를 관찰해야 한다. 투자 대상의 가치는 경제와 연동되어 있기 때문에 경제전망을 통해 어떤 자산에 올라탈지 결정해야 한다.

세계경제는 어디서 어디로 향하고 있고, 2026년 나는 어떤 지점에 와 있는지 이해하자. 매년 경제전망서를 집필하면서 그 해를 하나의 점으로 표현하고 있다. 점을 이으면 하나의 선이 되듯, 본서를 통해 그 흐름과 추세를 들여다보았으면 하는 마음에서다.『한 권으로 먼저 보는 2019년 경제전망』은 2019년을 '결정점Deciding Point'으로 표현했고, 미중 무역 전쟁이 격화하면서 경제주체의 의사 결정이 중요하다는 것을 설명했다.『한 권으로 먼저 보는 2020년 경제전망』은 2020년을 '대전환점Point of a Great Transition'이라고 명명했고, 경제구조와 산업 전반에 걸쳐 거대한 전환이 시작됨을 강조했다.『포스트 코로나 2021년 경제전망』은 2021년을 '이탈점Point of Exit'으로 표현했고, 2020년의 경제 충격으로부터 점차 빠져나오는 시점이라고 내다봤다.『위드 코로나 2022년 경제전망』은 2022년을 '회귀점Point of Turning Back'으로 표현했고, 팬데믹 위기 이전 수준으로 돌아오는 시점이라고 정의했다.『그레이트 리세션 2023년 경제전망』은 2023년을 '내핍점Point of austerity'이라고 칭했다. 2023년 경제가 녹록지 않고, 경제주체는 어려운 경제를 인내해야 함을 강조했다.『스태그플레이션 2024년 경제전망』은 2024년을 '상흔점Point of scarring'이라고 표현했다. 고물가-고금리의 부담으로 스태그플레이션이라는 상처가 남는다는 의미를 담았다.『피벗의 시대 2025년 경제전망』은 2025년을 '항복점Yielding Point'이라고 정의했다. 어느 한계선을 넘어선 힘을 받으면 원상태로 돌아가지 않는데, 그 한계점을 물리학에서는 항복점이라 한다. 경제가 과거의 고성장 구조로 회복되지 못한다는 의미를 담았다.

본서는 2026년 경제를 '분절점Point of Fragmentation'이라고 명명했다.

공간적으로도 세계가 분절화하고 있지만, 시간적으로도 과거와 분절되어 전혀 다른 세상이 펼쳐지고 있음을 의미한다. 경제의 모습이 어떻게 변형을 이룰 것이고, 그런 과정에서 어떤 일들이 나타날 것인지를 가늠해보자. 또한 어떤 위협들이 있고, 어떤 기회들이 있는지를 상정해보자. '준비된 나'는 위협을 우회하고, 기회를 포착할 수 있을 것이다.

2026년을 결정지을 20대 경제 트렌드

2026년 경제가 어렵다고 해서 길이 없는 것은 아니다. 양광모 시인의 『가장 넓은 길』은 말한다. "눈에 덮였다고 길이 없어진 것이 아니요. 어둠에 묻혔다고 길이 사라지는 것도 아니다." 길은 사라지지 않는다. 길은 그대로 있다. 보이지 않을 뿐이지, 길은 존재한다.

2026년을 결정지을 20가지 경제 트렌드를 살펴보자. 어떻게 경제가 변형되는지부터 먼저 들여다보겠다. 첫 번째로 세계 경제, 두 번째는 한국 경제, 그리고 마지막으로 산업·기술 관점에서 주요한 트렌드들을 도출했다. 트렌드들 중에는 위협적인 것도 있고, 기회가 되는 것도 있다. 각각의 트렌드가 어떻게 나에게 영향을 줄 것인지, 나는 무엇을 준비해야 하는지 생각할 시간을 줄 것이다. 위협 요소들을 피해

가고, 기회 요소들을 포착할 수 있어야 한다.

먼저, 2026년 세계 경제의 주요한 트렌드를 다음과 같이 6가지로 선정했다. 첫째, 지경학적 분절화의 시대다. 지정학적 리스크가 고조되고, 보호무역주의가 확산할 것이다. 둘째, 세계 각국이 기준금리를 인하하고 확장적 재정정책을 도입하지만, 다소 무리하게 유동성 정책을 가동하면서 자산버블과 위험이 공존하게 될 것이다. 셋째, 2026년 미국이 많은 국채를 발행할 계획을 갖고 있지만 세계적으로 신뢰도가 떨어져 있어 국채시장이 불안해질 것이다. 넷째, 관세 전쟁과 통상협정을 통해 대규모 투자를 약속받은 미국은 2026년 달러화 약세를 유도해 자국의 제조 및 수출 여건을 유리하게 조성하려고 노력할 것이다. 다섯째, 국채 매입처를 확보하고 기축통화국으로서 달러 패권을 유지하기 위한 목적으로 달러 스테이블코인이 확산될 것이다. 여섯째, 저성장의 늪에 빠진 유럽이 성장 동력을 잃고, 실질소득이 감소하는 등 경제적 가뭄을 만날 것으로 보인다.

2026년 한국의 경제 트렌드들은 크게 8가지로 선정했다. 첫째, 이재명 신정부의 본격적인 경기부양책이 가동될 것이다. 코스피 5,000 공약과 부동산 양극화 해소 등의 정책들이 시장에 영향을 미칠 것으로 보인다. 둘째, 1% 저성장의 늪에 빠진 한국 경제는 돌파구를 마련하기 위한 노력에 집중할 것이다. 셋째, '잃어버린 10년'에 진입했다는 평가를 뒤로하고, '두 번째 한국'을 그리고자 하는 구조적 변화를 단행할 것이다. 넷째, 지표상으로는 상대적으로 양호하지만, 체감적으로는 스태그플레이션이라고 느껴지는 어려운 경제가 지속될 것으로 전망한다. 다섯째, 자영업 구조조정이 본격화할 전망이다. 여섯째, 한국은행은 기준금리 인하에 따라 경기부양과 부동산 자극이라는 상충하는 영향을 놓고 딜레마에 빠질 것이다. 일곱째, 분열된 정치가 경제를 분열시킬 것이다. 여덟째, '부동산 대개조'라는 강력한 정책적 의지가 상당한 수준의 부동산 안정화를 유도할 것이다.

2026년 산업·기술적 관점에서 6가지 이슈를 선정했다. 첫째, AI 플랫폼이 일상에 깊숙이 파고들 것이다. 둘째, '원화 스테이블코인' 법제화와 은행권 공동 스테이블코인 발행이 추진될 것이다. 셋째, 중국 기술이 추격을 넘어 압도하기 시작하고, 전 세계 주력산업을 장악할 것이다. 넷째, 탄소 배출량 감축 요구로 그린스틸green steel이 게임체인저로 부상할 것이다. 다섯째, 사이버 테러 위협이 점증하면서 사이버 보안 산업이 급성장할 것이다. 여섯째, 미중 패권 전쟁의 경과에서 중국이 희토류 등 핵심 광물의 수출 통제를 단행함으로써, 2026년 자원 전쟁이 본격화할 것으로 전망한다.

2026년을 결정지을 20대 경제 트렌드

구분	20대 경제 트렌드 도출
세계	① 지경학적 분절화의 시대
	② 유동성 파티와 유동성 함정 사이
	③ 약점이 드러난 트럼프, 국채 전쟁 오나?
	④ 제2의 플라자 합의
	⑤ 스테이블코인, 디지털 통화 전쟁
	⑥ 유럽이 가난해진다
한국	① 이재노믹스를 향한 기대와 우려
	② 1% 성장의 늪
	③ '두 번째 한국'을 위한 재설계(대한민국 새판 짜기)
	④ '체감적' 스태그플레이션
	⑤ 자영업 폐업 100만 시대
	⑥ 한국은행의 통화정책 딜레마
	⑦ 분절의 정치, 분절의 경제
	⑧ 2026년 부동산 시장 전망
산업·기술	① AI 플랫폼 시대
	② 원화 스테이블코인의 딜레마
	③ 중국 기술, 추격인가 역전인가
	④ 그린스틸 쟁탈전
	⑤ 사이버 보안의 시대, '제2의 SKT 사태'가 온다
	⑥ 희토류 전쟁과 자원의 무기화

경제 트렌드별 주요 내용

글로벌화(Globalization)가 멈추고, 분절화(fagmentation)의 진전

세계는 무리하게 유동성 정책에 집중해, 자본시장에 버블과 위험 상존

트럼프 행정부의 신뢰도가 떨어지고 국채시장 불안으로 이어져

마러라고 협정(Mar-a-Lago Accord)이 달러 약세 유도할까?

달러 스테이블코인, 미국 국채 매수처와 글로벌 통화 패권 전쟁의 수단

저성장의 늪에 빠진 유럽, 생활비 위기에 직면

코스피 5,000과 부동산 초양극화 해소를 위한 여정

1% 저성장의 늪에 빠진 한국 경제, 빠져나오기 위한 여정

일본식 '잃어버린 10년' 진입, '두 번째 한국'을 위한 구조적 변화의 서막

스태그플레이션이 아니라, '체감적' 스태그플레이션

자영업 구조조정 본격화, 악순환의 고리에서 벗어날 수 있을까?

2026년 중립금리 수준에 다다라, 신중할 수밖에 없는 기준금리 조정

분절화된 정치판은 국민을 둘로 분절화하는 '분절의 경제'로 내몰아

'부동산 시장 대개조'를 향한 강력한 정책 의지가 부동산 안정화를 유도

AI 플랫폼이 일상 깊숙이 파고드는 'AI 범용화 시대' 본격화

원화 스테이블코인 법제화와 은행권 공동 스테이블코인 발행 추진

중국 기술이 추격을 넘어 압도하기 시작했고, 전 세계 주력산업을 장악

탄소 배출량 감축 요구로 그린스틸(green steel)이 게임체인저로 부상

세계적으로 사이버 테러 위협이 점증하고 사이버 보안 산업 성장

중국이 핵심 광물 수출 통제를 본격화하면서 자원 전쟁 본격화

차례

프롤로그 ─ 004
먼저 읽어보기 2026년 주요 경제 트렌드 선정 ─ 011

1부 ──────── 2026년 세계 경제 트렌드

01. 지경학적 분절화의 시대 ─ 027
02. 유동성 파티와 유동성 함정 사이 ─ 038
03. 약점이 드러난 트럼프, 국채 전쟁 오나? ─ 050
04. 제2의 플라자 합의 ─ 062
05. 스테이블코인, 디지털 통화 전쟁 ─ 073
06. 유럽이 가난해진다 ─ 081

2부 ──────── 2026년 한국 경제 트렌드

01. 이재노믹스를 향한 기대와 우려 ─ 093
02. 1%의 성장의 늪 ─ 105

03. '두 번째 한국'을 위한 재설계 — 113
04. '체감적' 스태그플레이션 — 121
05. 자영업 폐업 100만 시대 — 128
06. 한국은행의 통화정책 딜레마 — 137
07. 분절의 정치, 분절의 경제 — 149
08. 2026년 부동산 시장 전망 — 159

3부 — 2026년 산업·기술 트렌드

01. AI 플랫폼 시대 — 185
02. 원화 스테이블코인의 딜레마 — 195
03. 중국 기술, 추격인가 역전인가 — 206
04. 그린스틸 쟁탈전 — 215
05. 사이버 보안의 시대, '제2의 SKT 사태'가 온다 — 224
06. 희토류 전쟁과 자원의 무기화 — 233

4부 — 2026년 경제전망과 대응전략

01. 2026년 세계 경제전망 — 247
02. 2026년 한국 경제전망과 대응전략 — 257

1부

2026년 세계 경제 트렌드

지경학적
분절화의 시대

01

 인류는 전쟁과 함께했다. 역사는 전쟁으로 써졌다. 전쟁이 없었던 지난 약 30년의 역사(1990년~2021년)가 특별한 것이었고, 인류는 2022년 시작된 러우 전쟁을 기준으로 다시 평범한 전쟁의 역사를 살아가는 중이다. 대통령 후보 시절, 트럼프 미 대통령은 "(러우 전쟁을) 24시간 만에 끝내겠다"라고 호언장담했지만 2025년 하반기가 된 지금까지도 언제 끝날 것인지 기약도 없다. 전쟁을 멈추기는커녕, 중동 분쟁에 직접 참전하기까지 하면서 전운 War clouds이 가시지 않는다.

사실, 1990년에서부터 2020년까지 이어진 세계화의 시대는 인류에게 특별했던 '전쟁 없는 시대'였다. 1990년 3월 리투아니아의 독립

선언을 시작으로 1991년 12월 26일 소련 체제가 공식적으로 막을 내렸다. 1990년 맥도널드가 소련에 입점한 것은 세계화의 상징처럼 명명되고 있다. 2020년 팬데믹 경제위기가 찾아오고, 주요산업의 공급망이 단절됨에 따라 자국 우선주의가 고조되었다. 중국은 자원 공급을 제약하고, 유럽은 대외국의 수출품에 탄소 저감 노력을 요구하고, 미국은 기술 공유를 제한하고 있다. 지정학적으로도 그렇지만, 경제학적으로도 세계지도가 퍼즐처럼 흩어져 파편화되고 있다.

지경학적 분절화

세계 경제는 협업 Cooperation이 아니라, 분절화 fragmentation를 향하고 있다. IMF는 글로벌 금융위기를 기점으로 글로벌화 Globalization가 멈추기 시작했고 2008년부터 2021년을 "Slowbalization"의 시대라 칭했다.[1] 느리다는 뜻의 'slow'와 글로벌화를 합친 표현으로, 세계화가 예전처럼 빠르게 진행되지 않고 점점 둔화되는 현상을 의미한다. 이어 2022년 러우 전쟁이 발발하고, 중동 분쟁이 지속되며 2025년 6월에는 이스라엘-이란 전쟁이 발발하는 등 지정학적 긴장감이 고조되고 있다. 세계은행 World bank도 세계가 지정학적으로 분절화되고 있음을

---

[1] IMF(2023.1), 「Geoeconomic Fragmentation and the Future of Multilateralism」

지경학적 분절화 중장기 추세

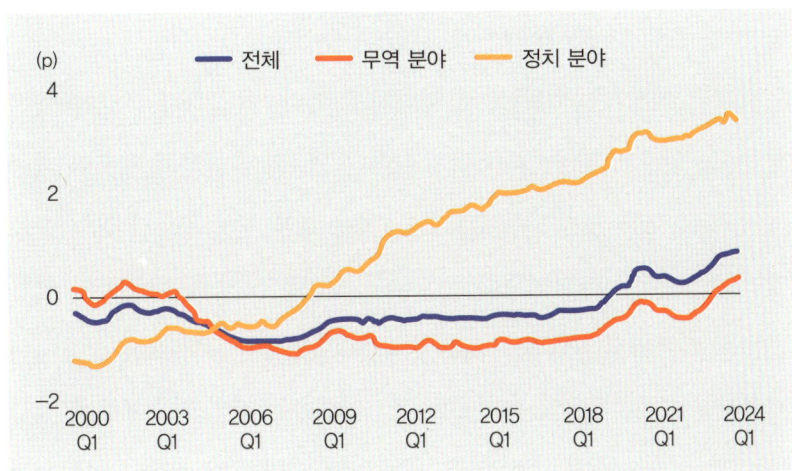

자료: World Bank(2025.6) Global Economic Projections
(World Bank의 지경학적 분절화 지수는 무역, 금융, 인적 교류, 지정학적 불안, 갈등 등을 요소로 측정)

경고했다.[2] 세계경제포럼WEF; World Economic Forum 은 "지정학적 분절화가 이미 시작되어 세계경제의 지형이 달라지고 있다"라고 강조했고, 향후 "지정학적 분절화는 가속화할 것"이라고 경고했다.[3]

전쟁의 일상화는 끔찍한 일이다. 군사적 긴장감이 고조되면 경제 주체의 심리는 얼어붙게 된다. 기업들은 공장 가동을 줄이고, 신사업 진출이나 신제품 출시 계획을 중단하기까지 한다. 가계도 마찬가지

---

2 World Bank(2025.6) 「Geopolitical Fragmentation and Friendshoring」
3 World Economic Forum(2025.6), 「Global Economic Futures : Competitiveness in 2030」

다. 소비자들은 위험을 인지하고 소비심리가 크게 위축되거나 경우에 따라 공황 구매 Panic buying 로 나타나기도 한다.

경제적 지형도 심각하게 분절화하고 있다. 지경학적 분절화는 전쟁, 외교·안보적 갈등, 공급망 단절이나 보호무역주의적 수출입 제한 조치 등을 모두 포함한다. 2025년 4월은 세계 주요국들의 위험 수준이 크게 고조된 시점이었다. 2025년 4월 3일 트럼프 대통령이 상호관세를 발표했고, 4월 9일 실제 발효 절차에 들어갔다. 금융시장에서 위험도를 측정하는 데 널리 활용되는 'CDS 프리미엄'은 4월에 정점을 기록했다. 미국뿐만 아니라, 한국이나 기타 주요국들이 모두 4월 들어 위험 수준이 고조되었다. 위험을 지각한 투자자들은 안전자산의 형태로 자산을 지키기 위해 노력하고, 결국 금과 같은 안전자산으로 돈이 내몰리게 된다. 국제 금 가격은 역사상 최고치를 경신, 또 경신한다.

특히, 미중 무역 전쟁은 세계 경제에 긴장감을 키워놓았다. 미국과 중국은 서로 관세를 125%까지 끌어올렸다. 중국은 수출통제법에 기초해 희토류 등의 광물자원 수출을 제약했고, 미국은 기술의 역외 이용을 방지하기 위해 반도체 등의 수출을 막았다. 중국으로부터의 유학까지 제재했을 정도다. 이러한 관세 전쟁이나 보호무역주의는 경제적 관점의 분절화가 격화되고 있음을 방증하며, 이는 경제주체들에게 상당한 긴장감을 초래한다.

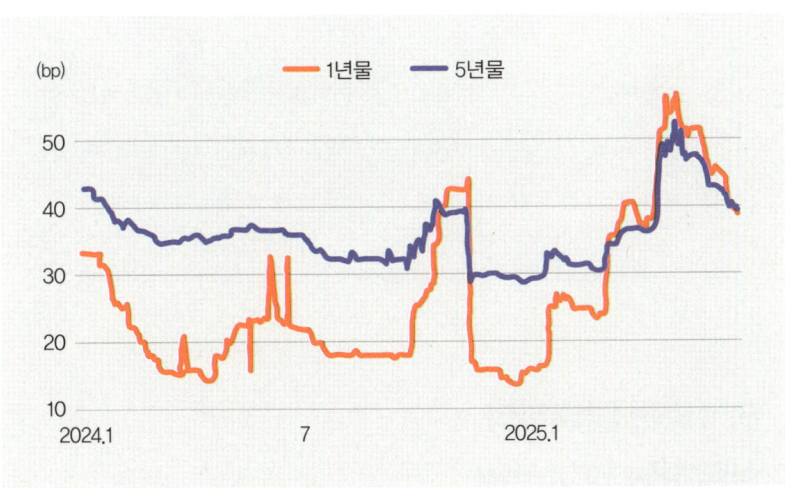

자료: investing.com

CDS 프리미엄이란?

CDS 프리미엄은 일종의 보험료다. 사고율이 높은 자동차 운전자에게 더 많은 보험료를 요구하는 것과 유사하다. 투자자가 투자할 때 원금을 보장받기 위해 금융사에 지불하는 보험료를 뜻한다. 투자 대상이 위험할수록 높은 보험료를 지불해야 할 것이다.

CDS Credit Default Swap(신용부도스와프)는 채권을 발행한 기업이나 국가가 부도날 경우 원금을 돌려받을 수 있는 금융 파생상품이다. 부도 위험을 회피(헤지)하는 데 들어가는 보험료 성격의 수수료를 CDS 프리미엄이라고

> 한다.
> CDS 프리미엄은 국가나 기업의 대외 신인도를 보여주는 지표가 되고 있다. 신용 위험도가 높을수록 상승하고, 반대일 경우에는 하락한다. 수치가 낮을수록 시장이 해당 국가의 부도 가능성을 낮게 본다는 의미다.

증폭되는 방위비와 성장하는 방위산업

북대서양조약기구 NATO; North Atlantic Treaty Organization 의 32개 회원국은 2025년 6월 22일 국방비 지출 목표를 대폭 상향 조정했다(스페인 제외). 지출 목표 가이드라인을 현행 GDP 대비 2%에서 2035년까지 5% 증액하기로 합의했다. 2024년 기준 전쟁 중인 러시아, 우크라이나, 이스라엘, 사우디아라비아를 제외하면 대부분 나라들의 국방비는 GDP 대비 2% 내외다. 폴란드(4.2%)가 러우 전쟁의 인접 국가라는 점과 미국(3.4%)이 범세계적으로 연결된 방위 체계를 견인하는 국가라는 점을 감안하면, 나머지 국가들은 3% 이내에서 국방비가 결정된다. 전시 상황에 있는 한국이 GDP의 2.6%를 국방비로 지출하고 있다는 점에서 5% 지출 목표는 상당히 도전적인 숫자다. 2035년까지 GDP 규모가 증가할 것을 고려하면 대부분의 나토 회원국들이 현재

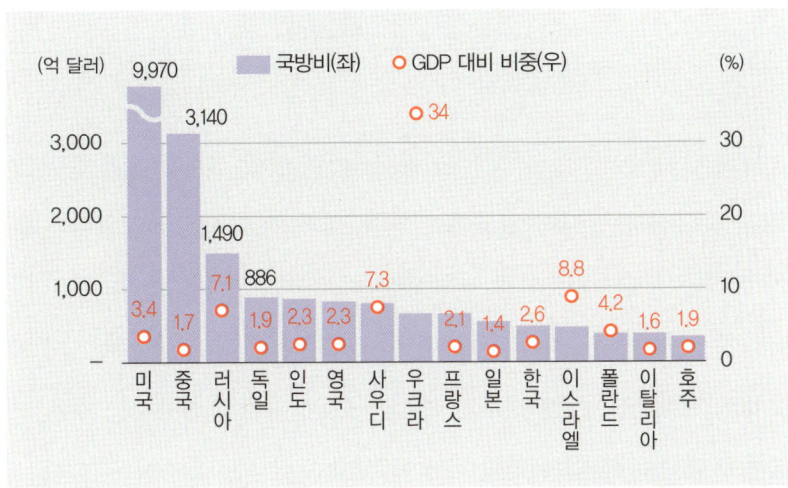

자료: 스톡홀롬국제평화연구소 SIPRI

의 국방비에서 2~3배까지 증액해야 한다.

　트럼프 대통령이 나토의 국방비 증액을 관철한 것처럼, 다음 타깃은 나머지 동맹국들이 된다. IP4 Indo-Pacific 4를 구성하는 한국·일본·호주·뉴질랜드에도 GDP 대비 5% 수준으로 국방비 증액을 요구할 것으로 보인다. 이러한 움직임은 상대 진영 국가들의 국방비 증액 및 무기 체계의 고도화를 이끌 것이다. 나토와 IP4의 결집은 중국과의 군사적 긴장감을 고조시킬 것이고, 이는 중국 및 그 우방국 진영의 국가들도 경쟁적으로 국방비를 증액하는 결과를 가져올 것으로 판단된다. 물론, 나토 회원국 및 세계 주요국들이 2035년까지 국방비를 끌어올리는 과정이 순탄한 것도 아니고, 약속을 차질 없이 이행할 것이라고 보지 않는다. 다만, 적어도 향후 2~3년만큼은 세계적으로 국방비를 인상하는 국면이 될 것으로 가정하는 것이 합리적이라고 판단된다.

세계 방위시장^{defense market}은 연평균 5% 이상 성장할 것으로 전망한다. 군사적 긴장감이 고조되는 만큼 세계 주요국들이 방위비 지출을 늘리는 모습이다. 세계 방위시장은 2024년 기준으로 약 4,910억 달러에 달하는 규모에서 2029년 약 6,770억 달러 수준으로 성장할 것으로 전망한다. 세계 경제가 연평균 3.0% 내외로 성장하는 것을 고려했을 때, 방위산업의 역할(비중)이 커지고 있음을 유추할 수 있다.

이에 따라 세계 방위산업^{defense industry}은 더 첨단화하고, 규모도 커질 것으로 전망한다. 세계가 분절화하고, 국지적 전쟁이 전개되는 과정에서 더욱 그러한 방향으로 변모할 것이다. 방위산업은 국가 방위를 위하여 군사적으로 소요되는 물자의 생산과 개발에 기여하는 산업으로 정의한다. 협의의 방위산업은 국방력 형성에 중요한 요소가 되는 총, 포, 탄약, 함정, 항공기, 전자 기기, 미사일 등 무기 장비의 생산과 개발로 범위가 한정되지만, 광의의 방위산업은 무기와 탄약 등 직접적인 전투 기구뿐만 아니라 피복, 군량 등 비전투용 일반 군수물자까지 포괄되기도 한다. 더욱이 인공지능, 우주·항공, 로보틱스, 반도체, 사물 인터넷 등의 고급 기술이 집약되는 첨단산업이라는 점에서 미래 유망산업의 성장에도 상호 영향을 주고받는 중추적인 역할을 할 것이다. 미국은 방위산업 내 영향력과 기술적 우위 등을 바탕

세계 방위시장 전망

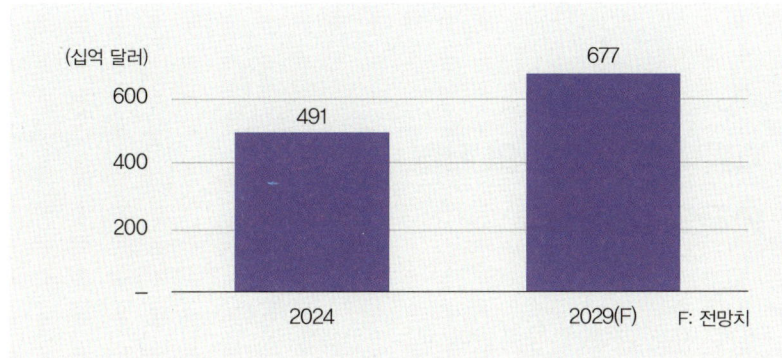

자료: The Business Research Company

2020년~2024년 세계 주요국 방위산업 수출 비중

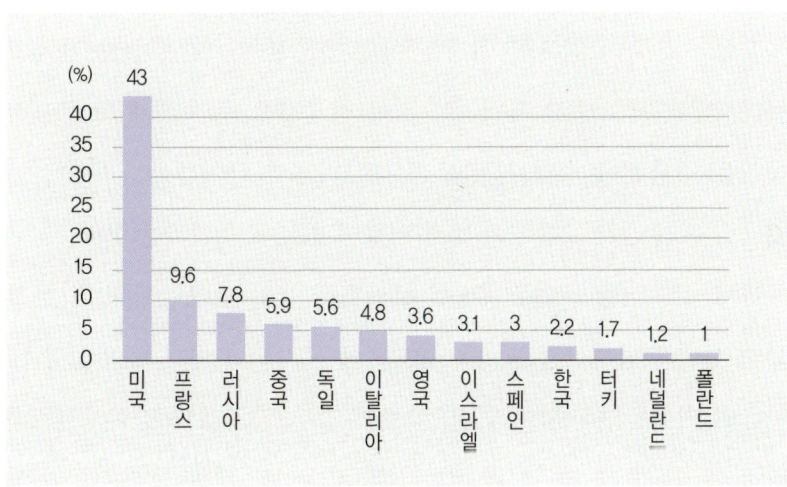

자료: Statista 2025

으로 시장을 장악해나갈 것으로 판단된다.

지경학적 분절화의 시대, 한국의 대응전략

첫째, 안보 체계를 강화해야 한다. 경제를 '먹고 사는 문제'라 하지만, 안보는 '죽고 사는 문제'다. 세계 주요국의 패권 전쟁이 어디로 튈지 모른다. 패권 전쟁을 지켜만 볼 수 없게 될 수 있다. 즉 우리도 참전을 요구받을 상황이 올 수 있다는 의미다. 중동 전쟁이 확전되면서 무고한 시민들의 참혹한 희생을 이미 목도한 바 있다. 안보 체계가 무너지면 경제도 함께 무너지는 것이니, 국내의 무기 체계 및 군사적 동맹을 강화해야 하겠다. 안보적으로 비동맹 국가들과는 외교적인 접근을 통해 경제 교류에 부정적 영향이 없도록 노력해야 한다.

둘째, 세계 4강을 위한 K방산 로드맵을 짜야 한다. 지경학적 분절화의 시대에 방위산업은 더욱 중요하게 부각되고 있다. 방위산업 내 한국의 지위를 올려놔야 한다. 이재명 정부가 '글로벌 방위산업 4대 강국'을 공약으로 제시한바 이를 실천하기 위해 갖춰야 할 것들이 있다. 무엇보다도 '무기 체계의 첨단화'를 이루어야 한다. 지금까지의 '가성비'를 앞세운 무기 수출에 머물 것이 아니라 드론, 위성통신, AI 등의 첨단 기술이 접목된 무기 생산에 집중해야 한다. 이를 위해 국방 R&D를 강화하고, 전문 인력을 확보하는 노력도 함께해야 하겠다.

셋째, 방위산업의 밸류체인 분절화에도 대응전략을 꾀해야 한다. 첨단 기술과 장비를 바탕으로 막대한 무기 생산을 단행할 수 있는 미국조차도 중국의 희토류 공급 차단 앞에 두 손을 들 수밖에 없다. 지경학적 분절화의 시대에 비동맹국들을 대상으로 자원을 무기화하고 있는 것이다. K방산을 첨단화하고, 가성비를 앞세워 세일즈에 나서도 희토류를 비롯한 대부분의 자원을 대외국에 의존하고 있다는 점에서 공급망 전략을 동시에 마련해야 함을 강조하지 않을 수 없다. K방산 전반에 걸쳐 공급망을 점검하고, 필수적 소재를 직접 생산하거나 동맹국들을 중심으로 공급망을 다변화해야 한다. 아무리 좋은 글이라도 종이 없이는 책으로 발간될 수 없지 않은가?

유동성 파티와
유동성 함정 사이

02

유동성 파티가 시작된다. 트럼프 대통령은 중간선거[1]를 겨냥한 대규모 정치 활동에 나선다. 중간선거에서 패배할 경우, 레임덕이 일찍 찾아오고 공화당이 정권을 재창출할 기반을 놓치기 쉽다. 따라서 트럼프 행정부는 가용할 수 있는 유동성 공급 장치들을 총동원해 증시를 부양하고, 경제주체들의 금리 부담을 덜어줌으로써 지지율을 끌어올리고자 할 것이다.

---

[1] 2026년 11월 3일에 미국에서 치러질 의원 선거로 상원 의원 100석 중 35석, 하원 의원 전체, 주지사 50석 중 36석, 워싱턴 D.C.의 시장 및 준주지사 3석, 각 주의 주무장관 47석 중 32석, 각 주의 법무장관 51석 중 33석을 선출한다. 트럼프 2기 행정부의 최종 평가가 될 선거로 여당인 공화당은 국정 동력 유지와 정권 재창출의 기반을 마련하기 위해, 야당인 민주당은 행정부 견제와 정권 탈환의 기반을 마련하기 위해 총력을 다할 것으로 예상된다.

2025년 트럼프 행정부는 중간선거를 겨냥한 유동성 파티를 구상해왔다. 첫째, 통화정책에 과도하게 개입하면서 파월Jerome Powell 연준 의장에게 지속적으로 기준금리 인하를 압박했다. 둘째, 부채한도 증액을 의회에 통과시키면서 확장적 재정정책을 준비했다. 셋째, 금융 규제 완화를 통해 시중에 유동성을 공급할 방안을 마련했다. 넷째, 스테이블코인을 법제화하면서 유동성 공급과 미국 국채 매입처 확보를 준비했다. 다만, 유동성 공급 장치를 무리하게 마련함으로써 2026년 유동성 파티가 될 것인지 아니면 유동성 함정에 빠질 것인지를 진단해볼 필요가 있다.

완화적 통화정책: 기준금리 인하를 향한 여정

2025년은 그야말로 피벗의 시대였다. 2024년에 발간한 필자의 저서 『피벗의 시대 2025년 경제전망』을 통해서 전망했던 것처럼, 세계 주요국들이 각자가 생각하는 중립금리[2]를 향해 기준금리를 인하 혹

---

2 중립금리(Neutral interest rate 혹은 Neutral rate)란, 경제가 인플레이션이나 디플레이션 압력이 없는 잠재성장률 수준을 회복할 수 있도록 하는 이론적 금리 수준을 말한다. 중립금리는 정책적으로 경기부양 정책이나 경기과열에 다른 인플레이션에 대비한 긴축정책을 선택하는 것이 아니라, 물가상승률과 잠재성장률 그리고 정책금리와 실질금리 사이의 스프레드 등을 감안하여 중립적인 상태로 한국의 콜금리(미국의 경우 연방기금금리)를 유지하는 것이다.

은 인상하는 시대라고 정의할 수 있을 법하다. 2025년 8월 기준으로 영국은 5.25%에서 4.0%로, 캐나다는 5.0%에서 2.75%로, 유로존은 4.5%에서 2.15%로, 스웨덴은 4.0%에서 2.0%로, 스위스는 1.75%에서 0.0%로 금리를 인하했다. 한국도 3.5%에서 2.5%로 금리를 인하했다. 세계 주요국들의 물가가 중앙은행의 목표 물가수준에 이름에 따라 중립금리를 찾아 인하해왔고, 극심히 내수경기가 침체된 유럽 국가들이 유독 빠른 속도로 금리인하를 단행해왔다. (유럽 경제의 어려움에 대한 구체적인 분석은 1부의 「06 유럽이 가난해진다」 편을 참조하길 바란다.) 일본은 자국이 판단하고 있는 중립금리 1.0%~1.5%를 향해 점진적으로 기준금리를 인상하는 여정 중이고, -0.1%에서 0.5%로 인상했다.

　미국도 피벗의 시대에 있는 것은 매한가지이지만 큰 장애물 앞에 망설이는 모습이다. 마치, 빠르게 달리던 자동차가 안개가 자욱한 길을 만나자 속도를 줄이고 조심스레 길을 찾는 모습에 비유된다. 미국은 2024년 5.5%에서 4.5%로 기준금리를 인하했지만, 2025년 들어 트럼프의 관세정책이 단행되면서 통화정책을 멈춰 세워 추가 금리인하 여부를 망설이고 있다. 파월 연준 의장은 무역정책의 불확실성과 무역정책이 미국 물가에 미치는 영향에 대한 불확실성을 고려해 기준금리 인하 중단을 지속해왔다.

　트럼프는 전방위적으로 파월 연준 의장의 해임 및 금리인하를 압박해왔다. 2025년 1월 20일 트럼프 대통령의 정권이 시작됐고, 마침 그 주에 개최된 세계경제포럼에서 화상 연설을 진행했다. "I'll

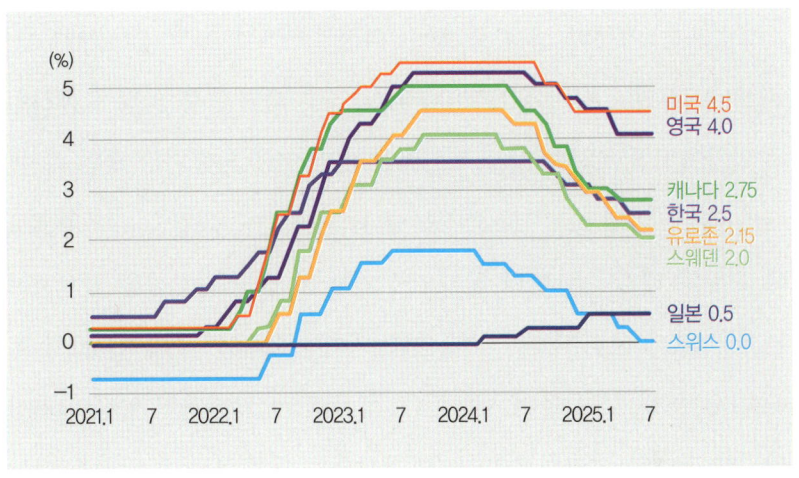

주요국 기준금리 추이

자료: 각국 중앙은행

demand that interest rates drop immediately(기준금리 인하를 즉각 요구할 것이다)." 통화정책의 독립성이라고는 도저히 찾아볼 수 없는 행정부 수장의 강력한 발언이 전 세계에 울려 퍼졌다. 이후로도 연준 본부의 리모델링에 불법적으로 과도한 예산 지출을 진행했다고 지적하며, "이건 연준이 아니라 베르사유궁전"이라고 표현했다. 백악관과 연준은 법정 공방으로도 이어졌지만, 연방준비제도법 제10조에 "연준이 건물·시설에 대해 광범위한 자율권을 갖도록 규정"하고 있어 파월이 법적으로 사임할 근거는 찾지 못했다. 2025년 7월 말에는 트럼프가 연준의 개보수 현장을 방문하기까지 했지만, 이는 고금리의 책임이 파월에게 있음을 미국 유권자들에게 알리기 위한 정치적 행보로 해석된다.

트럼프는 이른바 '그림자 연준 의장Shadow Fed Chair'을 내세운다. 2025년 5월까지 임기가 1년이나 남아 있는 파월 연준 의장이 금리인하 압박에도 꿈쩍하지 않자, 트럼프는 차기 연준 의장으로 케빈 워시[3], 케빈 해싯[4], 미셸 보먼[5] 등을 지목했다. 차기 연준 의장을 지목함으로써 파월의 레임덕을 빨리 찾아오게 만들고, 연준 위원들을 압박하려는 의도다. 쿠글러Adriana Kugler 연준 이사는 2025년 7월 FOMC에 불참하더니 8월 들어 돌연 사임했다. 쿠글러 이사는 파월 의장과 가장 친밀한 사이로 알려져 있다. 전방위적으로 파월 의장이 압박을 받는 모습이다. 더구나 트럼프 행정부의 경제정책 방향을 제시해왔던 스티븐 마이런Stephen Miran이 쿠글러 이사의 빈자리를 채우면서 '독립적 연준'이 아닌 '정치적 연준'으로 급변하게 되었다. 스티븐 마이런의 보고서와 그가 제시한 트럼프 행정부의 경제정책 방향은 1부의 「04 제2의 플라자 합의」편에서 다루었다. 이러한 모든 중앙은행의 독립

---

[3] 케빈 워시(Kevin Warsh)는 2006년부터 2011년까지 연준 이사로 재직했다. 2008년 금융위기 당시 벤 버냉키 의장의 핵심 참모로 활동했고 주요 통화정책 결정 과정에 깊이 관여했다. 워시는 트럼프의 통화정책 기조에 보다 유연하게 부응할 수 있는 인물로 평가된다.

[4] 케빈 해싯(Kevin Hassett)은 국가경제위원회(NEC; National Economic Council) 위원장으로, 20년 동안 경제적 보수주의를 상징해온 인물이다. 트럼프의 1기 집권 당시 경제자문위원회 의장을 지냈으며, 공화당의 대표적인 감세 정책을 강력히 옹호해왔다.

[5] 미셸 보먼(Michelle Bowman)은 트럼프 대통령 1기에 임명된 연방준비제도 이사로, 2025년 3월 연방준비제도 금융감독국 부의장을 맡았다. 그동안 매파(고금리 선호)적 인사로 지명되던 인물이 2025년 7월 금리인하의 필요성을 제기하고, 금융감독국의 책임자로서 SLR 규제 완화의 필요성을 적극적으로 강조하는 등 비둘기파(저금리 선호)적으로 성향이 바뀌었다고 평가받는다.

트럼프 대통령의 연준 개보수 현장 방문

자료: BBC News

성을 무시하는 여정은 달러와 미국 국채에 대한 신뢰성을 떨어뜨리는 결과를 초래할 것으로 보인다. 달러 표시 자산에 대한 신뢰도가 흔들리는 구체적인 정황은 1부의 「03 약점이 드러난 트럼프, 국채 전쟁 오나?」 편에서 확인하길 바란다. 차기 연준 의장으로 거론된 인물들은 독립성을 피력하기보다 금리인하에 협조적으로 대응할 것임을 강조하고 있다. 2026년 독립성을 스스로 무시하는 새로운 연준 의장이 취임할 경우, 물가 불안이 지속됨에도 불구하고 기준금리를 인하하거나 연준이 무리하게 미국 국채를 매입하는 행보를 보일 우려가 있다. 미국 달러에 대한 신뢰도는 깨지고, 연준은 위험한 유동성 공급을 단행하는 일이 전개될 것으로 보인다.

확장적 재정정책: 감세법안 OBBBA 통과와 부채한도 상향

통화정책뿐만 아니라 재정정책의 관점에서도 막대한 유동성 공급이 기정사실화되고 있다. 2025년 7월 OBBBA One Big Beautiful Bill Act(하나의 크고 아름다운 법)가 통과되고, 부채한도 debt ceiling가 상향되었다. 2026년 11월 중간선거를 앞두고 적극적으로 재정을 투입할 제도적 여건을 마련한 셈이다. 미국 정부는 더 많은 부채에 의존해 시중에 유동성을 공급할 것이다.

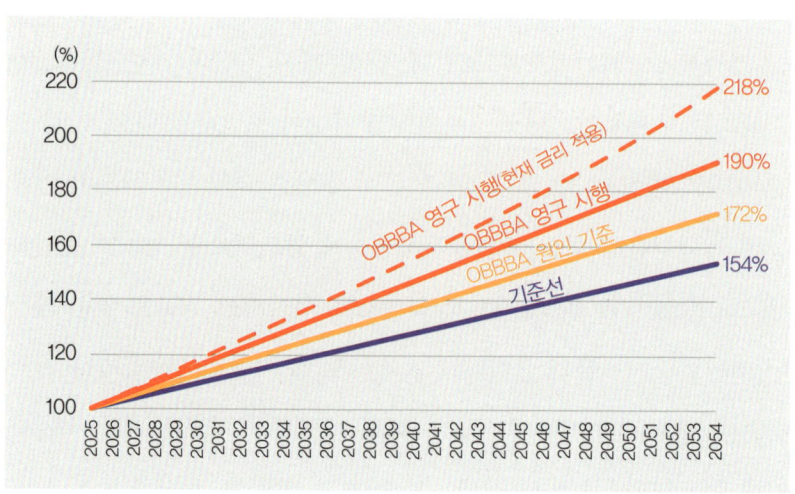

GDP 대비 미국 정부의 부채 비율 전망

자료: CRFB(Committee for a Responsible Federal Budget)

부채한도를 약 5조 달러 상향한 만큼, 미국 정부는 국채 발행을 늘려나갈 것으로 보인다. 미국 달러 표시 자산에 대한 신뢰도가 떨어지고, 글로벌 국채 매입이 감소하고 있는 국면에서 국채 발행이 늘어나게 되면 국채금리가 치솟을 수 있다. 미국 국채시장에 대한 깊이 있는 분석은 다음 장에서 집중적으로 다루기로 한다. 미국 정부의 재정 건전성은 더 악화하고, 이자 상환 부담은 가중될 수 있다. 더욱이, 국채금리가 높은 상황에서는 민간 기업들이 자금을 마련하기 위해 회사채를 발행하기가 부담스러워지는 등 상당히 불안한 요소들을 안고 확장 재정을 펼치게 되는 것이다.

금융 규제 완화: SLR 규제 완화

미국 정부는 SLR[6] 규제 완화를 통해 주요 은행들의 유동성 공급과 국채 매입을 유도할 것이다. 2025년 6월 미국 연방준비제도는 초대형 은행들인 GSIBs[7]에 SLR 5% 규제를 적용했다. SLR^{Supplementary}

---

6 SLR=자본/(대출채권+국채 매입+지급준비금)

7 GSIBs(Global Systemically Important Banks)는 세계 금융시장의 시스템에 중요한 역할을 수행하고 있는 은행들로, 국제결제은행(Bank for International Settlements)이 매년 선정한다. JP Morgan, Citigroup, Bank of America 등의 초대형 은행들이 이에 해당하고, 국내 은행은 포함되지 않는다.

SLR 규제 완화

	G-SIB 지주사	G-SIB 은행 자회사
현행	SLR(3%) + eSLR(2%) ⇒ 최종 5%	SLR(3%) + eSLR(3%) ⇒ 최종 6%
개정안	SLR(3%) + eSLR(method1 방식 surcharge의 50%) ⇒ 최종 3.5~4.25%	

자료: Fed

Leverage Ratio(보완 레버리지 비율)은 은행의 자본 건전성 지표다. 은행이 고객으로부터 예금 등을 받으면 이를 대출 및 국채 매입 등의 형태로 운용한다. SLR 규제를 강화한다는 것은 은행이 대출 및 국채 매입을 덜 하도록 제약한다는 뜻이고, 반대로 규제를 완화한다는 것은 더 적극적으로 대출해주고 국채를 매입할 수 있도록 열어준다는 의미가 된다. 2008년 금융위기 이후 은행들의 안정성을 담보하기 위해 보완적 역할 차원에서 eSLR$^{enhanced\ SLR}$(강화된 SLR)을 도입한 상황이다.

2026년에는 보다 완화된 SLR 규제를 도입함에 따라 대형 은행들이 유동성 공급 장치로써 임무를 수행할 수 있게 될 것이다. SLR 규제가 5~6% 수준에서 3.5~4.25%로 완화되면 은행들이 대출 및 국채 매입을 늘릴 수 있다. 가계나 기업에 더욱 적극적으로 신용을 제공해주고, 국채시장에서의 중개 활동이 확대될 환경을 마련한 것이다. 반면, 은행들이 자본을 감소시키고 무리한 대출을 이행하게 되며, GSIBs의 자회사에 대한 규제 완화가 시스템적 리스크를 증대시킬 위험이 있다.

스테이블코인 법제화,
채권 매입 확대

미국 정부는 2025년 7월 성공적으로 스테이블코인을 법제화했다. 크립토 위크Crypto week를 지정하여 미국 의회에서 디지털 자산 관련 법안[8]에만 집중해 입법을 추진하기도 했다. 그만큼 트럼프 행정부는 스테이블코인에 진심이었다. 스테이블코인의 개념과 파급 영향은 1부의 「05 스테이블코인, 디지털 통화 전쟁」 편을 통해 확인하기를 추천하며, 이번 장에서는 유동성 공급 장치의 기능에 집중하고자 한다.

스테이블코인은 상당한 유동성 공급 장치로써 역할을 수행한다. 발행업체는 매수자에게 스테이블코인을 발행해줌과 동시에 현금을 수취하고, 이를 국채 매입의 방식으로 운용한다. 스테이블코인 발행량이 증가할수록 국채 매입 규모가 증가하는 구조다. 스테이블코인 시가총액 규모는 2023년 1,380억 달러에서 2024년 2,000억 달러, 2025년 약 2,500억 달러로 급증했다. 시가총액이 가장 큰 테더USDT와 서클USDC은 각각 66%, 41%의 미국 채권T-bill을 준비금의 형태로 보유하고 있다. 스테이블코인의 미국 국채 보유액은 사우디아라비아나 한국이 보유한 규모를 넘어서고 있다.

---

[8] 지니어스법(GENIUS Act), 클래러티법(CLARITY Act), Anti-CBDC법(Anti-CBDC Surveillance State Act)을 뜻한다.

스테이블코인 발행업체와 주요국의 국채 보유액 비교

국채 보유액	미국 국채 보유국 (단위: 달러)		
스테이블코인	1위	일본 ▶	1조 1,308억
	2위	영국 ▶	7,793억
	3위	중국 ▶	7,654억
발행량 ▶ 2,300억	17위	사우디아라비아 ▶	1,316억
미국 국채 ▶ 1,500억	18위	대한민국 ▶	1,258억

자료: DefiLlama

　스테이블코인은 2025년부터 본격적으로 성장할 것으로 전망된다. 유동성 파티를 즐기기 위한 국채 매입처의 기능을 수행할 것에는 틀림이 없다. 다만 스테이블코인 자체적인 한계가 아니라, 어떠한 대외적인 변수가 등장할 때 급격히 유동성이 수축하는 현상이 나타날 가능성이 높다. 2020년 팬데믹 경제위기나 2023년 뱅크데믹 현상과 같은 일들이 전개될 때 금융시장의 불안으로 코인런 현상이 일어날 수 있고, 발행업체들은 현금으로 즉각 돌려줘야 하기 때문이다. 위험한 유동성 장세가 될 것이라는 전망에 무게를 실어준다.

위험한 유동성의 시대, 어떻게 대응해야 할까?

　유동성 파티를 즐길 것인가? 아니면 유동성 함정에 빠질 것인가? 가계는 '돈의 이동'을 관찰해야 한다. 유동성이 집중적으로 시장에 공급된다는 것은 자본시장과 자산시장에 활력을 가져다줌을 의미한다. 돈의 이동은 곧 수요의 증가를 의미한다. 돈이 집중된다는 것은 곧 가격이 오른다는 뜻이므로 유동성이 집중되는 영역과 섹터를 찾고, 유동성 파티를 즐겨야 할 때다. 다만, 파티에 취해 돌연 유동성 함정에 빠지는 일이 없도록 해야 한다. 채권시장의 불안 등 위험한 요소들을 모니터링함으로써 대세 하락장을 구분하여 이탈할 필요가 있다.

　한국 정부는 미국의 국채 불안이 한국에 전이되는 일을 막기 위해 노력해야 한다. 미국 국채금리는 세계 금융시장의 기준점 역할을 한다. 세계 국가들의 대출 금리, 채권 금리, 기업의 자금 조달 비용 등이 미국 국채금리를 따라 움직이기 때문이다. 미국 정부의 국채 매도 스케줄을 점검하고, 기관들의 자산 운용 면에서 국채 매입 규모와 시점을 적절히 조절할 수 있도록 해야 한다. 금융시장의 변동성이 커질 수 있고, 국채금리가 등락을 반복할 수 있기 때문에 기업들의 채권 발행에 유의할 필요가 있다.

약점이 드러난 트럼프, 국채 전쟁 오나?

03

그리스신화에 등장하는 아킬레우스는 불사의 말이 끄는 전차를 타고, 신이 만든 방패와 갑옷을 두른 불사신으로 묘사된다. 그런 그에게도 약점이 하나 있었는데, 바로 발뒤꿈치의 힘줄이다. 17세기 말부터 '아킬레스건'은 유일한 약점을 뜻하는 용어로 알려지기 시작했다.

트럼프의 아킬레스건이 드러났다. 으르렁대며 세계를 호령하듯 했던 트럼프 대통령이 돌연 움찔했다. 2025년 4월 3일 '상호관세 receiprocal tariff'를 발표하고, 4월 9일 핵무기급 관세 전쟁이 전격 발효되더니, 13시간 만에 돌연 '유예'를 결정했다. 이후에도 강하게 관세 정책을 밀어붙이듯 하다가 돌연 돌아서고, 연준의 독립성을 무시하

자료: ChatGPT

는 듯하다가 돌연 말을 바꾸는 일들을 반복해왔다. 겁이 나서 포기한 다는 속어 'Chicken out'을 써서 'TACO Trump Always Chickens Out'라는 별명이 따라붙어 대유행이 되고 있다.

트럼프의 약점이 무엇이고, 그 약점을 통해 향후 관세 전쟁과 미중 무역 전쟁의 시나리오가 어떻게 전개될 것인지를 가늠해볼 필요가 있다.

트럼프의
아킬레스건

"유예는 없다"라고 장담한 트럼프가 중국을 제외한 다른 국가에 대해 상호관세를 90일 동안 유예하기로 변경했다. 이렇게 입장을 뒤집은 이유는 무엇일까? 미국 국채 가격이 폭락했기 때문이다. 상호관세를 발표한 이래로 미국 10년물 국채금리가 일주일 내내 치솟았다(국채금리의 상승은 국채 가격이 하락한다는 의미다).

이는 매우 이례적인 현상이었다. 통상적으로는 공포감이 고조될

S&P500지수 및 10년물 국채금리('25.4)

자료: FRED

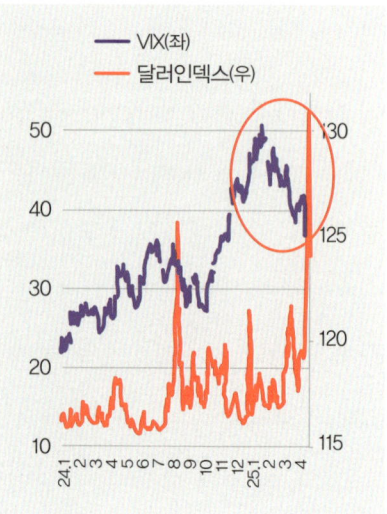

VIX 및 달러인덱스 추이

자료: FRB

때 위험회피심리risk-off가 강화되면서, 주가는 조정되고 미국 국채 가격은 상승한다. 안전자산 선호 현상으로 위험자산인 주식을 매도하고, 안전자산으로 일컬어지는 미국 국채 수요가 증가하기 때문이다. 그런데 주가 하락과 국채 가격 하락(국채금리 상승)이 동반되는 현상이 나타났다. 마찬가지로 위험도를 보여주는 VIX지수가 치솟았는데, 달러인덱스는 떨어지는 이상한 모습이 전개되었다.

국채금리의 상승이 두려운 이유

트럼프가 국채금리 상승을 신경 쓰는 이유는 '빚' 때문이다. 2024년 미국의 재정적자는 1.83조 달러에 달하고, GDP 대비 6.4%에 이른다. 2020년~2021년 팬데믹 당시 막대한 재정지출을 단행했고, 2022년 이후에도 경기부양을 위해 유동성을 적극 공급해왔다. 미국 의회예산국CBO은 인구 고령화, 감세정책 등으로 향후 미 재정적자 규모가 10년간 21조 달러(연평균 2.1조 달러)가 넘을 것으로 예상했다. 2025년 7월 트럼프의 상징적인 감세법안인 OBBBA가 통과되고, 부채한도가 상향되면서 5조 달러에 달하는 막대한 국채 발행이 기정사실화된 상황이다. 트럼프 행정부는 스테이블코인에 적극적이라고 할 수 있는데(이는 1부의 「05 스테이블코인, 디지털 통화 전쟁」 편을 참조하길 바란다) 중간선거를 앞에 두고 재정지출을 줄일 수가 없는 입장인 데다가, 금리가 올라가면 정부 부채를 늘리기에 부담이 될 수밖에 없다. 즉 높은 금리는 중간선거 승리에 지장을 준다.

국채금리 기초

채권은 자금을 빌리기 위해 투자자에게 원금과 이자를 상환하기로 약속하는 채무 증서다. 정부가 발행하는 채권을 국채, 기업이 발행하는 채권을 회사채라고 한다. 미국 국채는 미국 정부가 발행하는 채권이며, 세계에서 가장 안전한 투자자산으로 간주된다.

미국 국채금리는 다음과 같은 이유로 중요하다. 첫째, 글로벌 금융시장의 '벤치마크' 즉 기준이 된다. 미국뿐만 아니라 세계 모든 국가의 금리 및 금융상품에 영향을 미친다. 미 국채금리가 상승하면 이에 맞춰 각종 금융상품의 금리도 함께 올라 정부뿐만 아니라 개인 및 기업의 이자 상환 부담이 커진다. 둘째, 미국 경제의 신호로 작용한다. 특히 만기 10년 이상 장기 국채는 미국 경제의 건전성을 보여주는 핵심 지표 중 하나다. 셋째, 안전자산으로서의 의미를 지닌다. 미국 정부의 신용을 바탕으로 발행되기 때문이다. 투자자들이 공포감을 인지할 때 안전자산 선호 현상이 나타나고, 국채 매입이 늘어나 국채 가격이 상승(국채금리 하락)하는 경향이 있다.

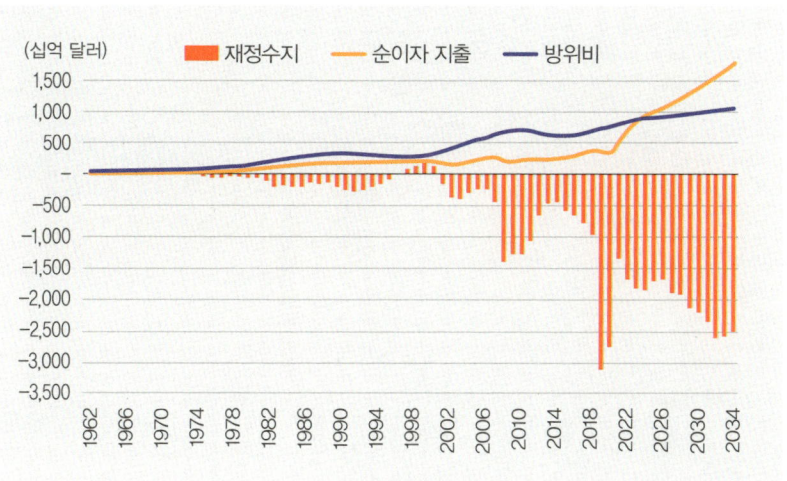

자료: CBO(Congressional Budget Office, 미 의회예산국)

    미국 정부 부채 규모가 눈덩이처럼 증가하면서, 이자 비용을 부담하기가 버거워졌다. 미국 의회예산국에 따르면 재정적자 규모는 2024년 1조 8,324억 달러에 이르고, 2025년 1조 8,650억 달러에 달할 것으로 추산한다. 미국 정부의 순이자 지출이 2024년 8,811억 달러에 달하고, 2025년 9,520억 달러로 증가할 것으로 전망한다. 이는 미국 국방비 2024년 8,500억 달러, 2025년 8,590억 달러보다 많다. 부채를 끌어다 쓰기 위해 국채 발행을 늘리다 보면, 미국 재정적자 규모는 2025년 약 1.87조 달러, 2028년 약 1.91조 달러로 증가할 전망이다. 문제는 미국이 이러한 국채 이자를 감당할 수 있느냐다.

    트럼프 정부는 중간선거를 앞둔 상황에서 높은 금리가 부담될 수

미국 재정수지 GDP 대비 비중

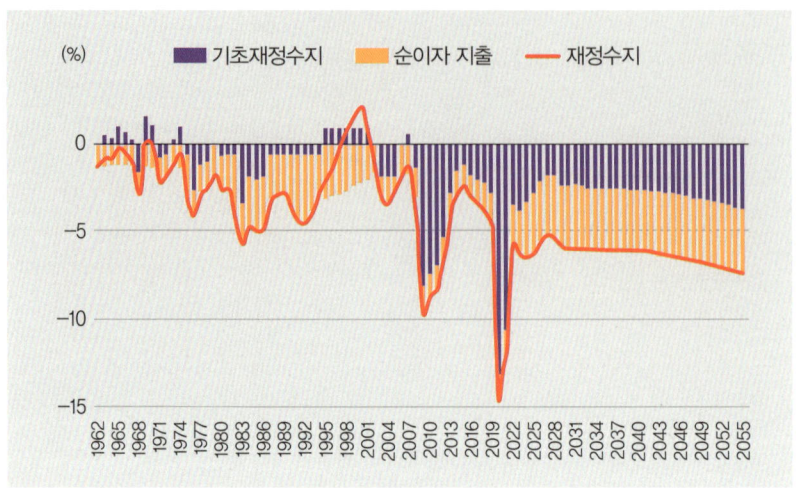

자료: CBO(Congressional Budget Office, 미 의회예산국)

밖에 없다. 국채금리가 높게 유지될 경우, 감세 정책과 트럼프식 경기 부양책을 단행할 수 없다. 미국 재무부 장관 스콧 베선트Scott Bessent 도 재정적자 비중을 GDP 대비 3% 이내에서 관리하겠다고 발표한 바 있다. 2024년 미국 재정적자 규모는 GDP 대비 6.4%에 달하고, 순이자 지출은 3.1%에 달한다. 2025년 GDP 대비 순이자 지출 비중(3.4%)이 기초재정수지 비중(2.8%)을 넘어설 것으로 전망한다. 2024년부터 순이자 지출액이 방위비 예산을 넘어서기 시작한 만큼, 부채를 짊어진 정부는 높은 금리에 취약할 수밖에 없다.

미중 무역 전쟁의 시나리오

트럼프가 겨냥하는 관세 전쟁의 타깃은 중국이다. 몸집이 큰 중국을 상대해야 하는 미국으로서도 다른 나라들과 동시에 싸우기는 쉽지 않다. 중국과의 싸움에만 집중하는 행보를 보일 것이다. 중국의 막강한 대응력을 고려하면 세계 주요국들과 무역 갈등을 병행할 만한 여력이 없다. 정도의 차이는 있을 수 있으나 세계 모든 국가가 미국의 일방적인 행보에 반감을 표하고 있다. 유럽을 비롯한 주요국들은 불만을 공식적으로 표명하고 있다. 이런 틈을 타서 중국이 세계 주요국들과 정상회담 및 장관급 미팅을 진행하며 '자기편 만들기' 광폭 행보를 보이고 있다.

미국이 스스로 고립시키는 전략을 유지할 수는 없으니 트럼프도 생각을 바꿔야만 했을 것이다. 중국뿐만 아니라 세계 모든 국가가 트럼프식 관세정책에 반발하거나 불만을 품고 있기 때문에, 세계가 경제적 파트너십을 강화해나갈 가능성이 높아졌다. 세계 GDP의 약 26%를 차지하는 미국으로서 나머지 74%의 국가들이 공동으로 대응할 가능성을 무시할 수 없는 처지다. 따라서 미국의 요구 사항들을 들어주는 국가들에 대해서는 적극적인 협상을 취하고, 관세 면제 대상으로 지정하는 움직임을 펼칠 것으로 보인다. 다만 중국에 대해서는 보다 강경한 태도를 보일 것이다.

미국의 강경한 움직임에 중국 역시 고스란히 맞대응할 것이다. 미국은 높은 관세율로 중국을 공격하려 하고, 중국은 관세 이외의 수단들을 강구해나갈 것이다. 미국의 대중 수출액보다 중국의 대미 수출액이 절대적으로 많으므로, 미국은 관세가 무기로서 충분하지만 중국은 그 이상의 카드를 꺼내 들어야 한다. 미국이 관세율을 높일 때마다 중국은 미국에 상응하는 관세율을 도입할 뿐만 아니라, 위안화 가치를 절하해 관세 효과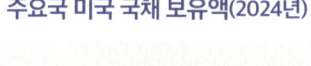를 무산시킬 것이다. 이에 더해 미국 기업이나 제품들을 제재하고, 희토류 공급을 차단하는 조치들도 함께 취해나갈 것이다.

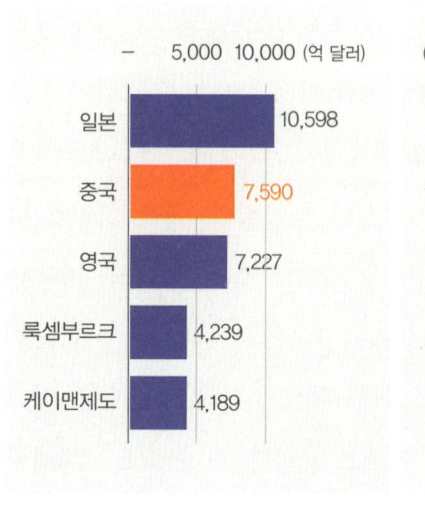

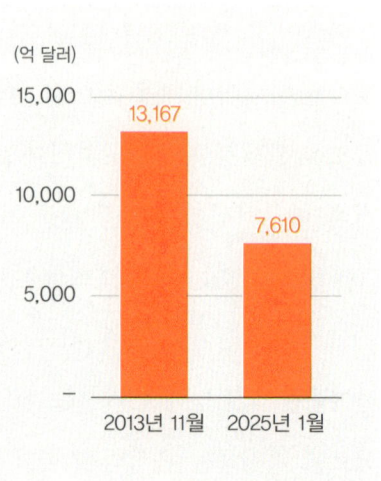

미중 갈등이 정점에 달할 경우, 중국이 꺼낼 수 있는 카드 중 하나로 미국 국채 매각이 거론되고 있다. 중국은 일본에 이어 두 번째로 많은 미국 국채를 보유하고 있다. 장기적으로 중국은 미국 국채 보유액을 줄여가고 있지만, 국채를 대량 매각할 경우 트럼프의 정치적 목표를 좌절시킬 수 있음에는 틀림이 없다. 다만 벌이 침을 쏘면 자기 자신도 당할 수 있듯, 국채 매각은 쉽게 쓸 수 있는 카드가 아니다. 중국이 미국 국채를 대거 매도한다고 해도 대체 투자처가 부족하고, 갖고 있는 나머지 국채 가격이 큰 폭으로 떨어질 수 있다는 위험 부담이 있다.

그렇다면 과연 미중 무역 전쟁의 종착지는 어디일까? 미국과 중국은 평행선을 달리듯 장기적으로는 패권 경쟁을 지속할 것으로 전망한다. 하지만 고속도로 휴게소에 들르듯 정치적 이벤트 등을 앞에 두고 잠시 쉬었다가 가는 일들이 있을 것으로 보인다. 양국의 정치·경제적 유불리를 따져가면서 말이다. 미국도 중국도 무력 충돌 등과 같은 극단적인 상황까지 치닫기를 원하지는 않는다. 미중 무역 전쟁은 장기적으로 지속될 것이지만, 그 정도가 격화되었다가 잠시 완화되는 일이 반복될 것으로 판단한다. 지금까지 그랬듯이 말이다. 서로 화해를 원하지만 먼저 화해를 청하는 것은 원치 않는다. 상대가 화해를 요청해주기를 기다릴 뿐이다.

자료: ChatGPT

변동성 높은 트럼프발 무역정책에 어떻게 대응해야 하는가?

변동성이 높은 트럼프의 정책에 대응하는 방법은 종착지와 방향을 파악하는 것이다. 어제오늘 달라지는 트럼프식 관세정책 및 무역정책들에 장단을 맞추어 매번 대응하기에는 한계가 있다. 정부는 가계와 기업 들이 흔들림 없도록 트럼프의 큰 그림이 무엇인지를 안내해야 한다. 오르락내리락하는 금융시장의 변동성을 쫓아 행동하는 일은 스트레스를 준다. 정부가 중심을 잡고, 경제주체들이 트럼프의 의도와 큰 틀에서의 방향성을 충분히 인지할 수 있도록 해야만 한다.

정부는 모니터링 장치들을 활용해 금융시장의 불안 요소들을 감지

해야 한다. 미국에 대한 수출의존도가 높은 국가들의 경우 관세 충격을 피할 수 없다. OECD는 멕시코의 경제성장률이 2025년과 2026년 각각 -1.3%, -0.6%로 경제위기에 직면할 것으로 전망했다.[1] 캐나다도 2025년과 2026년 모두 0.7% 성장에 그칠 것으로 전망했다. 실물경제의 충격으로 기업들이 부채를 상환하지 못하는 등 금융 부실이 확산될 수도 있다. 트럼프발 무역 전쟁에 취약한 국가들을 중심으로 위험 요인들을 탐색하고, 그러한 요인이 한국 경제로 전이되지 않도록 관리해야 한다.

---

[1] OECD(2025.3) 「OECD Economic Outlook」 Interim Report

제2의
플라자 합의

04

....

역사는 되풀이된다. 패권 전쟁의 역사도 마찬가지다. 21세기 후반, 일본은 미국의 패권에 도전하듯 미국 경제를 바짝 추격했다. 1980년~1990년대 세계 GDP 2위 국가였던 일본은 1위 국가 미국의 GDP 규모를 최대 72.6%까지 치고 올라왔다. 특히 일본의 자동차 산업에 밀려 수많은 미국 노동자들이 일본 차량을 부수며 시위를 하기도 했다. 당시 미국은 막대한 무역적자와 재정적자 상황에 노출되었으며, 이는 레이건 정부[1]의 쌍둥이 적자^{twin deficts}라

---

1 로널드 윌슨 레이건(Ronald Wilson Reagan)은 미국의 제40대 대통령으로, 1981년 1월 20일부터 1989년 1월 20일까지 재임했다.

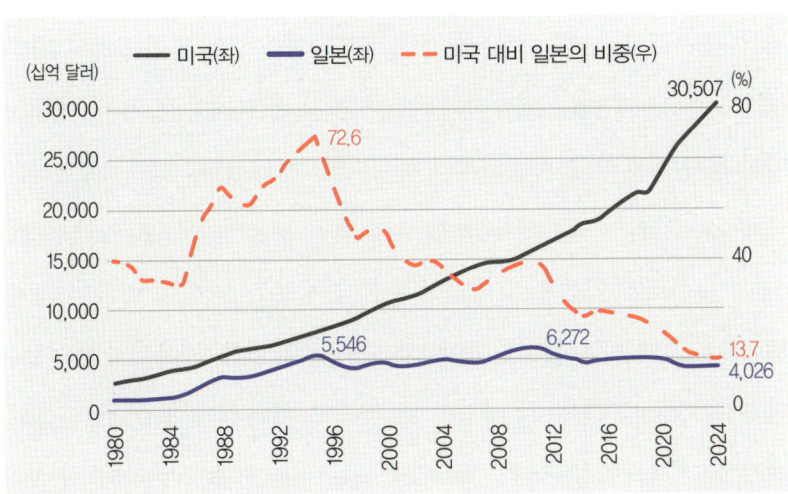

미국과 일본의 GDP 추이

자료: IMF

불리는 유명한 역사로 기록되었다.

1985년 플라자 합의

미국 정부는 플라자 합의Plaza Accord를 이끌었다. 당시 의회는 무역보호법을 통과시키고, 일본 등의 교역 상대국에 통상 압력을 가했다. 세계 주요국들은 미국의 규제에 굴복했다. 1985년 9월 22일 미국 뉴욕의 플라자호텔에서 미국, 일본, 독일(서독), 영국, 프랑스 재무장관들이 모였고, 환율시장에 개입하기에 이르렀다. 일본의 엔화와 독일의 마르크화의 고평가를 유도했고, 미국 달러화를 평가절하시켰다. 이후 1987년 루브르 합의Louvre Accord를 통해 달러화의 가치 하락을 막는 등 환율시장에 개입하는 통화 전쟁이 이어졌다.

플라자 합의는 일본의 패권 도전을 멈춰 세웠다. 일본의 수출을 막는 데는 한계가 있었으나 미국의 수출 경쟁력을 높였고, 미국의 적자폭이 축소되었다. 이는 일본이 1995년~2025년까지 이른바 '잃어버린 30년'을 시작하게 된 배경이 된 것으로 평가된다. 1995년 일본의 연간 GDP가 5조 5,456억 달러에서 2024년 4조 262억 달러 규모로 쪼그라들었다. 세계 경제는 매년 약 3.5%씩 성장하고 있는데, 일본은

1985년 플라자 합의

왼쪽부터 독일, 프랑스, 미국, 영국, 일본의 재무장관

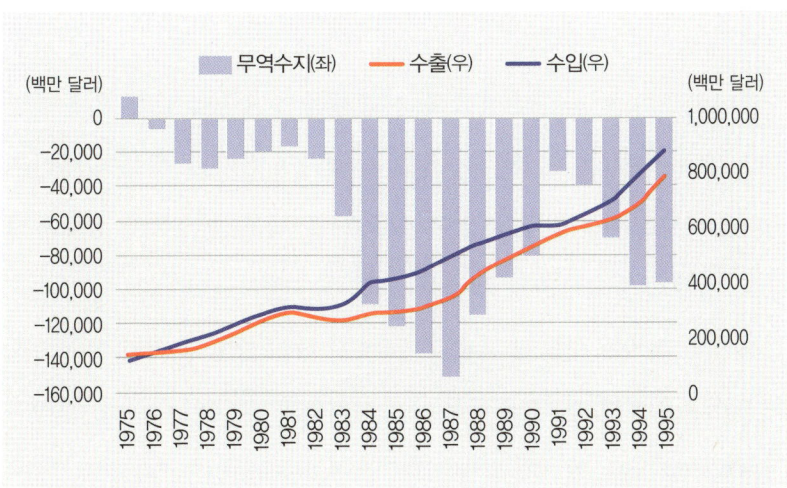

자료: BEA(Bureau of Economic Analysis)

오히려 역성장했다는 점이 유의할 만하다.

2025년~2026년 제2의 플라자 합의, 마러라고 협정 Mar-a-Lago Accord

30년이 지난 지금 '제2의 플라자 합의'가 설계되었다. 그 설계도는 경제학자 스티븐 마이런이 트럼프 대통령이 당선된 2024년 11월 발표한 「A User's Guide to Restructuring the Global Trading System」이라는 보고서다. 이를 직역하면 '글로벌 무역 시스템 재구성 사용자가이드'이지만, 통상 마이런 보고서로 통한다. 보고서 표지는 본문 하단에 별첨으로 제시했다.

    마이런 보고서는 관세 등을 활용해 세계 주요국에 달러 약세에 강제로 합의를 이끌어야 한다는 주장을 골자로 한다. 스티븐 마이런은 백악관 경제자문위원장을 맡고 있으며, 트럼프 행정부가 상호관세를 발표하고 주요국들과 협정을 추진하는 행보들이 그의 구상대로 전개되고 있음을 확인케 해준다. 21세기 들어 중국의 폭발적인 성장은 미국과의 격차를 상당 부분 축소시켜왔고, 중국의 GDP는 미국의 76.8%(2021년)에 이르기까지 한다. 전기차, 배터리, 신재생에너지뿐

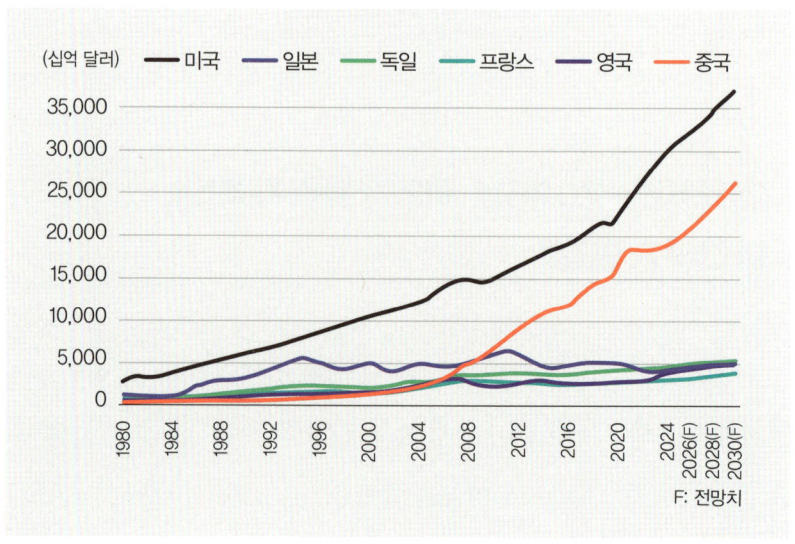

세계 주요국의 GDP 추이

자료: IMF

만 아니라 반도체와 AI 등과 같은 미래산업에서 미국을 이미 추월했 거나 바짝 추격하고 있다. 제2의 플라자 합의를 계획할 만하다. 미국 증권가들 사이에서는 이런 움직임을 강조하면서 '마러라고 협정'이라는 신조어가 만들어졌다.

'마러라고Mar-a-Lago'는 트럼프 소유의 회원 전용 호화 리조트[2]로, 미국 남동쪽 플로리다주의 팜비치Palm Beach라는 세계적인 휴양도시에 위치한다. 마러라고라는 명칭은 '바다에서 호수까지'라는 뜻의 스페인어다. 트럼프는 이곳에서 많은 인사들을 만나고 있어 사저 별장이자 '제2의 백악관'으로 불린다. 증권가에서는 이곳에서 제2의 플라자 합의를 구상하고, 세계 주요 인사들과 만나면서 달러 약세 합의를 종용할 것이라는 음모론이 확산되고 있다.

---

[2] 미리라고는 미국 유명 시리얼 회사인 포스드사의 싱속인 마저리 메리웨더의 휴양용 주택이었다. 메리웨더는 1973년 세상을 떠나기 전에 마러라고를 미국 대통령들의 휴양지로 사용해달라면서 정부에 기탁했다. 당시 대통령이었던 리처드 닉슨은 플로리다 키 비스케인에 위치한 겨울 백악관 별장을 더 선호했다. 그 이후 지미 카터 대통령 역시 마러라고에 관심이 없어서 거의 사용되지 않았다. 미국 정부는 50년이 넘은 노후된 리조트의 유지보수비를 부담스럽게 여겼고, 1981년 포스트 재단에 사용권을 반납했다. 포스트 재단은 2,000만 달러에 매물로 내놨고, 당시 사업가였던 도널드 트럼프가 1,500만 달러에 인수를 제안했다. 포스트 가문은 헐값이라며 거절했지만 우여곡절 끝에 1985년 700만 달러에 마러라고를 인수했다.

트럼프 대통령의 마러라고 리조트

자료: Reuters

트리핀 딜레마 Triffin Dilemma 와
통화 협정 시나리오

'트리핀 딜레마'는 기축통화국이 여러 장점도 가지고 있지만, 경제·안보적으로 상당한 위협을 주는 등 구조적 모순이 있음을 의미하는 용어다. 1960년대 로버트 트리핀 Robert Triffin 예일대 교수가 달러화를 기축통화로 하는 현행 국제금융시스템의 구조적 모순을 설명한 것이 발단이 되었다. 미국이 기축통화를 발행함으로써 차입 비용을 낮추고 전 세계 금융 지배력을 갖는 장점이 있는 반면, 달러를 과대평가하게 만들어 무역적자와 재정적자가 늘어나 미국 실물경제에 부담을 준다는 뜻이다. 세계 주요국들이 외환보유고의 형태로 달러를 가지고 있으니 달러 강세를 유인하고, 미국은 무역적자, 제조업 위축, 고용 감소로 이어져 재정적자가 늘어나게 된다. 기축통화국은 유동성 공급과 국제 비축자산의 기능을 제공해주면서, 경쟁국에 의존하게 되고 방위 및 무기 제조 공급망도 흔들려 국가 안보를 위협할 수 있다.

2025년~2026년 미국은 트리핀 딜레마라는 숙제를 풀기 위한 통화 협정의 여정하에 있을 것으로 전망된다. 가능한 통화 협정 방식은 크게 두 가지 접근이 있다. 첫째, 다자간 접근 Multilateral Currency Approaches 이다. 1985년 플라자 합의와 유사한 방법으로 외환 개입 및 국제 정책 공조를 통해 달러 약세화를 유도할 수 있다. 둘째, 일방적 접근 Unilateral Currency Approaches 도 가능하다. 국제비상경제권한법 IEEPA 을 적용해 외환보유고 '사용료(1~2%)' 부과를 요구하거나, 금 보유법 Gold

로버트 트리핀 교수

Reserve Act of 1934을 활용해 금 비축 규모를 축소하고 외채를 매입할 수도 있다.

트리핀 딜레마를 떠나서도 트럼프 행정부는 달러 약세를 유도할 것으로 전망한다. 다국적 기업들이 미국에 제조 기지를 옮기도록 유도하고 있다. 즉 소비국가에서 제조국가로의 전환을 만들고자 하는 것이고, 수입업자가 유리한 환경보다 수출업자가 유리한 환경을 조성할 필요성이 있다고 볼 수 있다. 지금까지는 무역 적자국이었기 때문에 달러 강세를 유도해 구매력을 높이는 것이 유리한 정책이었을지 모르지만, 무역 흑자국으로 변모하기 위해서는 구매력을 상대국에 제공하는 것이 유리할 것이다. 특히, 다국적 기업들은 더욱 환율에 민감하게 국가별 생산량을 조절할 가능성이 높다. 예를 들어 한국과 미국 양쪽에 공장을 두고 있는 경우, 달러 강세일 때 한국에서의 가동률을 높이고 달러 약세일 때는 미국에서 가동률을 높일 것이다. 미국 내 제조 기지 이전과 생산 가동률을 높여 고용 창출 및 경제 선순환을 유도하고자 하는 큰 그림을 가진 트럼프 행정부가 달러 약세를 유도할 가능성이 높아지는 것이다.

또한 통화 협정을 성공적으로 이끌기 위해 관세나 안보를 도구로 상대국에게 강요할 가능성이 높다. 관세 부과를 발표 또는 발효한 후, 협정에 응해주는 국가들에게 관세를 면해주는 방식이다. 한국과의 무역 협의 과정에서도 환율을 논의 테이블에 올린 바 있다. 2025년 4월 최상목 경제부총리는 "스콧 베선트 장관이 재무부 간 별도로 환율을 논의하자고 먼저 얘기했다"라고 전했다. 2025년 5월 영국과의 첫 번째 무역 협상을 발표하면서, 트럼프 대통령은 "이 협정에는 영국이 미국과 경제 안보 협력 체제economic security alignment에 편입되는 계획이 포함돼 있다"라고 밝혔다.

마러라고 협정의 영향과 대응전략

외환시장에서는 미국이 마러라고 협정을 끌어낼 것을 상정하고 있는 모습이다. 미국이 환율 보고서를 발표하면서 외환 개입을 경고할 수 있다. 또한 미국 국채나 기타 외채금리가 불안정하게 전개될 가능성이 높다. 특히, 특정 국가들과 협상하는 과정에서 외환시장의 변동성이 증폭될 수 있다. 중장기적으로는 달러 약세가 진전될 가능성이 높다고 판단된다.

변동성이 높은 외환시장에 2차 부작용이 나타나지 않도록 해야 한다. 정부는 원자재나 부품의 수입을 담당하는 영세 공급업체들이 환위험에 직면하지 않도록 외환시장을 모니터링하고 적절한 수급 계획에 대한 지침을 제공하는 방안을 고려할 필요가 있다. 기업들은 장기적인 외환시장의 전망을 기초로 여유 있게 수급을 관리할 필요가 있고, 일시적인 달러 강세가 나타날 때 그 구간을 피해 수입 계약을 체결

마이런 보고서 표지

할 것을 추천한다. 개인들은 미국 증권시장에 대한 투자 등을 고려할 때 달러 약세화로 인해 수익률이 상쇄될 수 있음을 주지해야 하겠다.

스테이블코인, 디지털 통화 전쟁

05

17세기 서양에서 처음 등장한 근대적 지폐는 '금 영수증' 에서 시작했다. 당시 영국 상인들은 금 세공업자에게 금을 맡기고 보관 증서를 받았는데, 금 보관 증서를 '골드스미스 노트 Goldsmith's note'라고 불렀다. 상인들은 무거운 금을 들고 다니다가 점차 골드스미스 노트만으로 거래하기 시작했다. 이후 골드스미스 노트는 지폐로, 금 세공업자는 은행으로 발전했다.

21세기 현대판 골드스미스 노트가 등장했다. 바로 스테이블코인 stablecoin이다. 스테이블코인은 달러화 등 기존 화폐에 고정 가치로 발행되는 암호화폐를 말한다. 여러 유형의 스테이블코인이 있지만, '1코인=1달러'를 유지할 수 있도록 설계하는 경우가 가장 많다. 골드스미

런던의 금 세공인들과 골드스미스 노트

스 노트를 제시하면 금을 받을 수 있었듯이, 스테이블코인을 제시하면 현금을 받을 수 있도록 설계된 것이다. 암호화폐가 수급 등의 요인에 의해 가격이 불안정하게 움직이고 감독할 수 없다는 점에서 현대의 화폐를 대체하기 어렵다는 단점이 있으나, 스테이블코인은 상

스테이블코인 유통과 국채 매매 구조

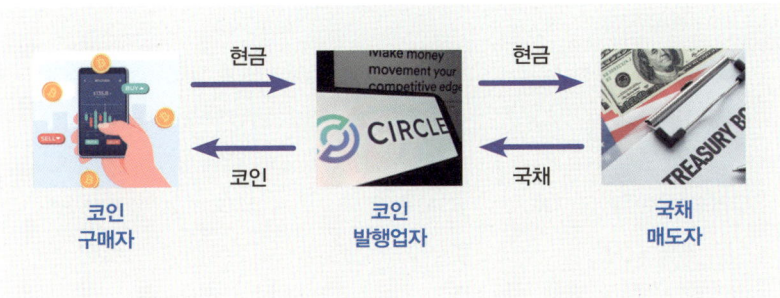

자료: 김광석(2025.9) 스테이블코인 전쟁 2026년 경제전망

대적으로 안정적이고 블록체인 기술 등에 의해 관리·감독이 가능하다는 특징이 있다.

스테이블코인 법제화 급물살

스테이블코인 규제 법안인 '지니어스 법$^{GENIUS\ Act}$[1]'이 2025년 7월 미국 의회를 최종 통과했다. 이는 스테이블코인의 첫 연방 법안이고, 미국에서 스테이블코인 프레임워크를 수립하려는 움직임이기에 의

---

1 지니어스 법(GENIUS Act)은 Guiding and Establishing National Innovation for U.S. Stablecoins Act의 약자다. '미국 내 스테이블코인 혁신과 규제 정비법'

지니어스 법 GENIUS Act

핵심 항목	세부 내용
1:1 준비금 의무화	발행된 금액만큼 실제자산(예: 달러)을 보유해야 함
정기적 감사	발행 기업은 자산을 정기적으로 감사받아야 함
발행인 규제 승인	연방 혹은 주 단위 금융기관의 허가를 받아야 함
알고리즘 스테이블코인 제한	알고리즘만으로 가치가 유지되는 코인은 발행 제한
빅테크 견제	애플·메타 등 빅테크 기업은 스테이블코인 발행 금지
AML 및 KYC 규정 강화	돈세탁 방지와 신원 인증 의무화

미가 있다.

이미 테더 등과 같은 스테이블코인의 발행량은 역대 최고치를 경신하고 있고, 하루 거래량은 수십조 원대에 달한다. 스테이블코인 가격이 달러에 연동되어 있기 때문에 코인 거래뿐만 아니라, 자금 정산에도 사용하기 시작했다. 17세기 영국인들이 금이 아닌 금 보관 증서인 골드스미스 노트로 거래했듯 말이다.

미국 월가 은행들은 공동으로 스테이블코인 발행을 검토하고 있다. JP모건체이스, 뱅크오브아메리카BOA, 시티그룹, 웰스파코 등 미국의 주요 은행들이 공동으로 지분을 보유한 컨소시엄을 통해 스테이블코인 경쟁에 뛰어들 가능성이 있다. 제조, 유통 및 서비스 기업들이 스테이블코인을 활용해 결제, 송금, 환전 등을 진행하면 수수료를 절감하거나 거래 속도를 높일 수 있다. 그러나 은행으로서는 이른바 '은행 패싱'이 이루어짐에 따라, 스테이블코인이 은행을 대체할 수 있다는 위협을 느끼고 있다.

디지털 달러, 트럼프의 큰 그림

미국이 스테이블코인을 서둘러 제도권에 편입시킨 이유는 무엇인가? 그리고 스테이블코인을 어떻게 활용할 것인가? 첫째로 디지털 달러를 활용해 세계 주요국에 영향력을 행사할 수 있다. 이는 단순히 글로벌 통화 패권에 도전하고 있는 위안화에 대응해 기축통화국의 지위를 유지하는 수단 그 이상을 의미한다. 자국 통화를 이용하던 세계 주요국들이 달러 기반의 스테이블코인에 의존하게 될 경우, 통화 주권을 놓치게 될 수 있다. 특히 블록체인 기술과 결합해 이용자들의 거래 상세를 관리·감독하는 것도 가능하다는 점에서 보안을 위협할 수 있다.

둘째, 스테이블코인은 미국 국채시장의 새로운 수요처가 될 것이다. 현재 미국은 만성 재정적자국이고, 최근 정부의 이자 지출 부담이 과중하다고 평가받고 있다. 게다가 OBBBA가 통과되고, 부채한도가 상향되면서 5조 달러에 달하는 막대한 국채 발행이 기정사실화된 상황이다. 더 구체적인 내용은 1부의 「03 약점이 드러난 트럼프, 국채 전쟁 오나?」 편을 확인해보길 바란다. 감세정책은 세입을 축소케 할 것이므로 재정 건전성이 취약해질 전망이다. 2025년 5월 무디스가 미국의 신용등급을 강등한 주요 배경도 이와 관련된다. 문제는 미국 국채의 신뢰도가 떨어지고, 입찰 시장에서 매수세가 약해졌다는 사실이다. 미국 정부의 추가 국채 발행이 부담스럽고, 기업들의 회사채 발행에도 제동이 걸릴 수 있다. 이에 국채금리 안정을 유도하기 위해 새로운 수요처가 필요한데, 스테이블코인이 역할을 수행할 것으로 보인다. 스테이블코인을 발행하는 민간 기업들이 많아질수록, 투자자가 스테이블코인을 많이 구매할수록 국채 매입량이 커질 수 있다.

스테이블코인이 가져올 위협과 대응

그렇다면 스테이블코인이 가져올 위험과 대응에는 무엇이 있을까? 첫째, 새로운 통화 패권 전쟁에 대응할 필요가 있다. 중국은 중앙은행 디지털 화폐를 발행해 위안화의 글로벌 통화의 지위를 강화하고 있고, 미국은 스테이블코인을 활용해 통화 패권을 공고히 하고자 준비하고 있다. 심지어 중국은 한국 기업들에게 수입 대금을 위안화로 결제하라 압박을 가하고도 있다. 디지털 화폐가 수출입 거래의 회계 단위가 되고, 결제 대금의 청구 기준이 될 수 있다. 한국은 미국과 중국 양쪽으로부터의 요구를 받거나, 수용하지 않을 시 관세 및 비관세 조치의 대상이 될 수도 있다.

둘째, 스테이블코인의 법제화는 새로운 유동성 공급 장치로 작용할 것으로 보인다. 스테이블코인 발행업자는 구매자로부터 받은 현금을 활용해 국채를 매입할 것이다. 스테이블코인을 발행하고 받은 현금을 그대로 보관만 하면 통화량은 불변하겠지만, 수익률이 '0'인 선택을 하지 않을 것이다. 즉 수익률이 높은 국채 매입으로 이어질 것이고, 이는 시중에 유동성을 공급하게 될 것이다. 유동성 공급이 자산버블이나 과도한 인플레이션을 가져올 수 있다는 점에서 스테이블코인이 가져올 부작용들을 모니터링하고, 부정적 영향을 최소화할 방안들을 마련해야 한다.

셋째, 디지털 통화 개발 및 정책적 활용을 본격적으로 논의해야 한

한국 수입 위안화 결제 비율

(단위: %)

연도	비율
2018년	0.8
2019년	1.1
2020년	1.5
2021년	1.5
2022년	1.7
2023년	2.4
2024년	3.1

자료: 한국은행

다. 한국은행은 직접 설계한 원화 기반 디지털 자산 모델을 검토 중이다. 여러 차례의 시범 운용과 디지털 통화 실험을 통해 스테이블코인 발행을 위한 기술적 토대를 마련해놓은 셈이다. 스테이블코인이 단순한 결제 수단을 넘어 선진화된 금융 인프라로 자리매김하고 있는 흐름 속에서 합리적 입법 절차도 마중물 역할을 해야 한다. 규제를 통해 기술을 배제만 할 것이 아니라, 제도화를 통해 관리 가능한 범위로 끌어와야 한다. 한국의 대응에 관해서는 3부의 「02 원화 스테이블코인의 딜레마」 편에서 집중적으로 다루었다.

유럽이 가난해진다   06

영원한 것은 없는가 보다. 유럽이 가난해지고 있다. 세계 제패의 꿈을 꾸었던 영웅 나폴레옹을 배출한 프랑스도, "모든 길은 로마로 통한다"라는 말이 통용되었던 이탈리아도, 세계 각지에 식민지를 건설한 대영제국이었던 영국도 세계 경제의 소용돌이에 휘말리고 있다. 세계 자동차 산업을 장악하고 제조업을 호령했던 독일도 마찬가지다.

저성장의 늪에
빠진 유럽

유로존Euro Zone이 2023년~2025년 동안 극심한 경기침체를 경험하고 있다. 3년 연속 제로성장을 기록할 것으로 전망된다. 유럽을 대표하는 독일 경제의 부진은 더 심각하다. 독일은 2023년에 -0.3%로 역성장했고, 2024년에도 -0.2%로 경기침체의 늪에서 벗어나지 못했다. 2025년을 채 마무리하지 않은 상황인데 현재 -0.1% 성장률로 전망되는바, 3년 연속 마이너스성장을 하게 될 것으로 보인다. 이른바 트리플 딥Triple Dip에 빠진 것이다. 엄청난 오명이 아닐 수 없다.

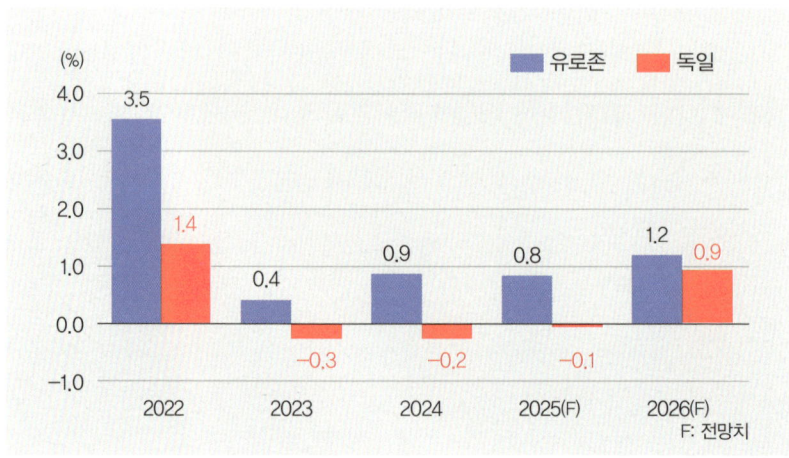

유로존과 독일 경제성장률 추이 및 전망

자료: IMF

유럽의 경기침체 현상은 단순한 상처가 아니라, 만성질환 같은 고질병이 되었다. 일시적 현상이 아닌 구조적 과제가 된 것이다. 장기적으로도 유럽이 저성장의 늪에서 빠져나오기 어려울 것으로 전망된다. IMF는 독일의 경제성장률이 2030년까지 약 0.69%에 수렴할 것으로 전망한다. 이탈리아, 프랑스, 영국과 같은 유럽의 주요국들도 2026년 각각 0.84%, 1.0%, 1.4% 경제성장률에 머물 것으로 보인다. 저성장 고착화라는 험난한 여정에 진입한 것이다.

생활비 위기에 직면한 유럽

2022년으로 거슬러 올라가 41년 만에 찾아온 인플레이션이 세계경제에 충격을 주었을 때, 가장 취약했던 지역도 유럽이었다. 당시 러시아에 경제제재를 가하면서, 러시아에 천연가스 등의 자원의 존도가 높았던 유럽은 유독 극도로 에너지 가격이 치솟았다. 영국을 비롯한 유럽 주요국들의 소비자물가상승률이 10%를 웃돌았다. 2022년 10월 이탈리아 11.8%, 영국 11.1%, 유로존 10.6%를 기록하며 소비자물가상승률의 정점을 찍었다. 2022년 6월 주요국 소비자물가상승률의 정점이 미국 9.1%, 캐나다 8.1%, 한국 6.3%를 기록한 것과 비교해 더 심각했다.

고물가는 국민을 가난으로 몰았다. 물가상승률보다 임금상승률이 낮았기 때문이다. 즉 실질임금이 감소하면서 서민의 삶의 질이 떨어지기 시작했다. 코로나19 이전 상황인 2019년 4분기 당시의 실질임금을 100이라고 했을 때, 유로존은 2024년 2분기까지도 99.4 수준에 그쳐 코로나19 이전 수준으로 돌아가지 못하는 실정이다. 유럽의 주요 강대국인 독일, 이탈리아, 프랑스는 더 심각한 실질임금 감소를 경험하고 있다.

무엇보다도 필수적 지출 항목의 물가 상승은 서민의 부담을 가중시킨다. 겨울철 가스비를 절약하기 위해 추위에 떨어야 했으며, 치솟는 식료품 가격에 먹고 싶은 것을 외면해야 했다. 극심한 에너지 위기Energy Crisis와 생활비 위기Cost-of-Living Crisis를 겪으면서 민생 경제가 피폐해졌다. 특히, 식료품의 가격 상승률은 임금상승률을 크게 초과하는 것으로 나타났다. 2019년 4분기~2024년 2분기 동안 임금상승률 대비 식료품 가격 상승률이 독일 16.4%p, 스페인 13.9%p, 이탈리아 13.4%p, 프랑스 11.7%p, 영국 8.9%p 등으로 나타나 서민의 생활비 부담이 크게 가중되었음을 짐작해볼 수 있다. 최근 물가상승률이 2% 수준으로 떨어지고는 있지만 물가가 떨어지는 것이 아니라, 이미 치솟은 물건 가격에서 또 2%가 오르고 있는 것이니 물가 부담이 해소되었다 할 수 없다.

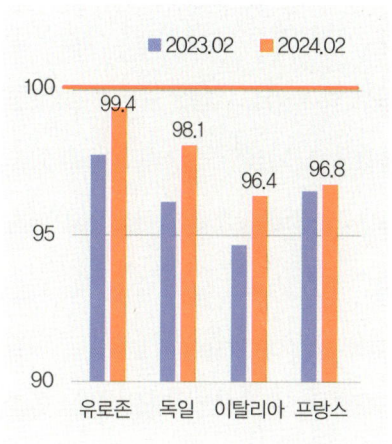

유럽 주요국 실질임금 추이

자료: OECD
(2019년 4분기 실질임금을 100으로 계산하여 지수화)

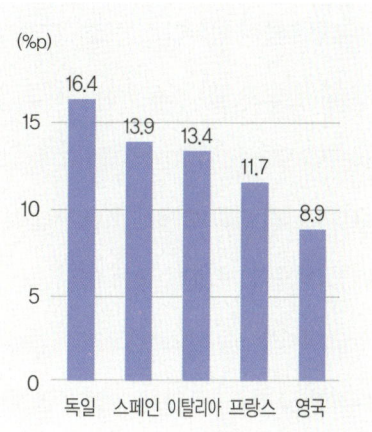

임금상승률 대비 식료품 가격 상승률

자료: OECD
(2019년 4분기~2024년 2분기 기준)

서둘러 금리인하를 단행하는 유럽

2024년 하반기 세계는 피벗의 시대에 진입했다. 피벗Pivot은 '방향전환'을 뜻하는 용어다. 기준금리를 인상하는 긴축적 통화정책 기조에서 기준금리를 인하하는 완화적 통화정책 기조로의 전환(혹은 그 반대)을 피벗이라고 한다. 『피벗의 시대 2025년 경제전망』을 통해 2025년까지 세계 주요국들의 피벗 행보가 진전될 것으로 전망했다.

사실 피벗을 가장 서둘렀던 것도 유럽이다. 미국이 2025년 상반기까지 기준금리 인하를 단행하지 못한 반면, 유로존은 매우 적극적으로 기준금리 인하를 단행해 정점 4.5%에서 2025년 7월 기준 2.15%로 내려왔다. 스위스는 기준금리를 이미 0.0%로 인하해 경기부양에 집중하고 있다. 0.5%의 기준금리를 운용하고 있는 일본과 비교했을 때도 매우 적극적인 피벗을 단행했음을 이해할 수 있다. 스웨덴도 4.0%의 기준금리에서 2.0%로 인하하고, 영국도 5.25%에서 4.25%로 인하하면서 피벗에 동참했다.

그렇다면 유럽이 이토록 서둘러 금리를 인하하려는 이유는 무엇일까? 고금리를 부담할 만큼 경제가 튼튼하지 못하기 때문이다. 물가를 안정시키기 위해 고금리를 도입했고, 물가상승률은 목표 수준 2%에 가까워졌지만, 고금리의 역습으로 경제성장률이 2% 밑으로 내려

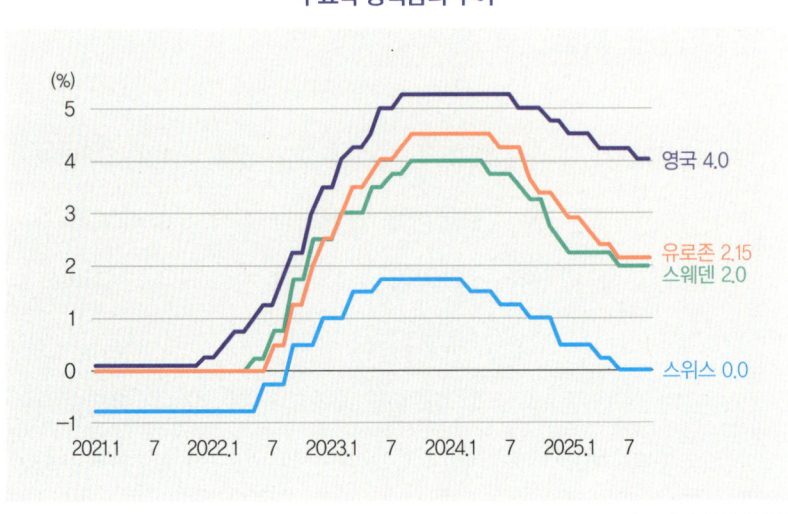

주요국 정책금리 추이

자료: 각국 중앙은행

갔다. 인플레이션에 취약했던 유럽이 이제 경기침체와 실업에 취약해진 것이다. 게오르기에바Kristalina Georgieva IMF 총재는 세계 경제가 "Another period of not-good-enough(저성장 고착화)"에 놓였다고 강조한 바 있다. 특히 유럽 주요국들의 경제가 대표적인 사례로서 제시될 법하다.

유럽 경제가 부실해졌음을 자명하게 보여주는 가장 확실한 증거는 고용이다. 한 나라에 실업자가 얼마나 늘었는지, 신규 일자리가 얼마나 늘었는지는 매우 중요하다. 따라서 실업자 1명당 빈 일자리 개수를 확인해보는 것은 상당한 의미가 있다. 즉 실업자가 많아도 일자리가 그 이상으로 많다면 큰 문제가 아니다. 그러나 유럽의 3대 주요국

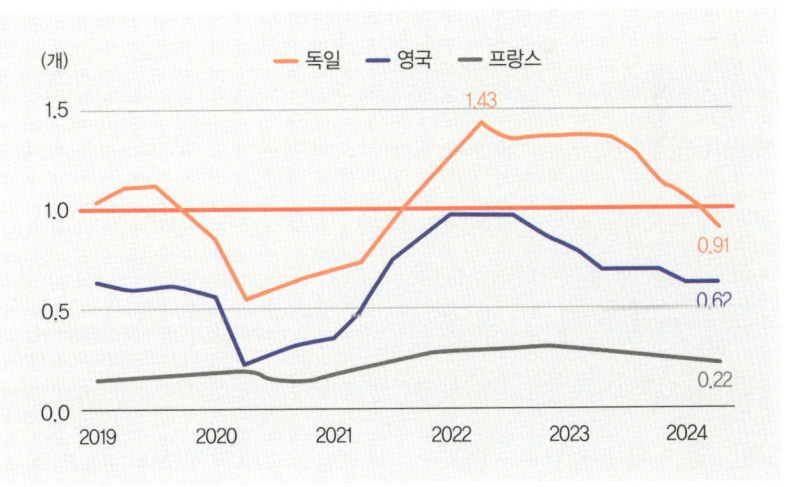

실업자 1명당 빈 일자리 개수

자료: OECD

의 고용이 불안해지고 있다. 실업자 1명당 빈 일자리 개수가 영국과 프랑스는 이미 기준선(1개)을 크게 밑돌고 있고, 견실했던 독일마저 2022년 2분기 1.43개에서 2024년 2분기 0.91개로 급감했다. 최근 전기차 캐즘과 폭스바겐 사태 등은 고용시장을 더욱 강하게 냉각시킬 것으로 보인다.

흔들리는 유럽에서 찾는 교훈

첫째, 에너지 안보 체계를 강화해야 한다. 유럽이 인플레이션에 유독 취약했던 배경 중 하나는 에너지 수급 구조다. EU(유럽연합) 가맹국들은 25.7%의 원유와 38.7%의 천연가스를 러시아에 의존하고 있었다(2020년 기준). 독일은 65.2%, 이탈리아는 43.3%의 천연가스를 러시아에 의존하고 있었다. 2022년 당시 서방의 러시아에 대한 경제제재는 러시아에도 상당한 충격을 안겨주었겠지만, 서방국가들에도 치명적이었다. 한국의 에너지 수급 구조를 돌아보고, 각종 자원이 특정 국가에 편중되지 않는 구조를 구축하는 노력이 요구된다. 더욱이 지정학적 긴장감이 고조되고, 세계 각국은 보호무역 조치를 강화하고 있다. 석유 한 방울 나지 않는 나라로서는 에너지 안보에 대한 고민을 게을리해서는 안 된다.

둘째, 지각 변동에 대응해야 한다. 현재 신흥 강국이 부상하는 지각 변동이 일고 있다. 글로벌 노스Global North 시대에서 글로벌 사우스 Global South 시대로 재편되고 있다. 북반구의 주요 유럽 강국들이 세계를 이끌던 시대가 차츰 지나가고, 남반구의 신흥국들이 헤게모니를 쥐고 일어나는 듯하다. 특히 미래산업에 요구되는 자원을 무기 삼아 글로벌 공급망을 자국으로 끌어오고, 제조 기지를 구축하는 행보가 전개되고 있다. 한국은 미국, 중국, 유럽에 의존하는 수출구조를 점검하고, 부상하는 주요 신흥국들을 중심으로 신시장을 개척하는 등의 노력을 통해 수출구조를 다변화해야 한다.

셋째, 산업의 패러다임 변화에 대응해야 한다. 고인 물은 썩기 마련이다. 유럽이 흔들리게 된 배경을 들여다보면 신유망산업으로의 전환에 뒤처져서다. 유럽은 한때 조선, 철강, 가전, 휴대폰, 자동차 등 전 산업에 있어서 세계를 호령했다. 그러나 미국, 일본, 한국, 중국 등에 기술 추격을 당하고, 세계시장을 점차 빼앗기게 되면서 저성장의 늪에 빠지게 된 것이다. 물론, 유럽은 아직도 자동차 강국이다. 그러나 전기차 강국이 아니다. 배터리 강국이 아니다. 자율주행차 강국이 아니다.

2부

2026년
한국 경제 트렌드

이재노믹스를 향한 기대와 우려

01

 정치와 경제는 연결되어 있다. 국민은 정치를 결정하고, 정치는 경제를 결정한다. 경제는 먹고사는 문제요, 정치가 국민의 먹고사는 문제를 잘 해결하지 못하면 국민은 정치를 바꾸기 마련이다. 2025년 6월 3일, 국민은 새로운 정치를 결정했다. 이제 정치가 경제를 결정할 차례다.

진보가 옳고 보수는 그른 것이 아니다. 보수가 옳고 진보가 그른 것도 아니다. 진보도 옳고 보수도 옳다. 모두 옳은 것이지만 시대적 과제를 읽고 국민투표로 선택하는 것이다. 선출된 정권이 한국 경제의 시대적 과제를 어떻게 해결해나갈지 들여다보고, 2026년 경제정책 방향을 가늠해볼 시점이다.

실물경제:
잃어버린 성장 동력을 찾아서

'다시 뛰는 대한민국'은 21대 대통령 선거 슬로건이다. 이재명 대통령과 더불어민주당이 '저성장 고착화'라는 대한민국의 시대적 과제를 읽어낸 것으로 평가한다. 피자를 고루 나누는 것도 중요한 일이지만, 피자를 두 배로 키우는 일이 더 중요한 과제라고 판단한 것이다. 한국 경제는 지난 50년 역사 동안 고성장을 반납해왔다. 이 말은 성장 동력을 점차 잃어왔다고도 표현할 수 있다.

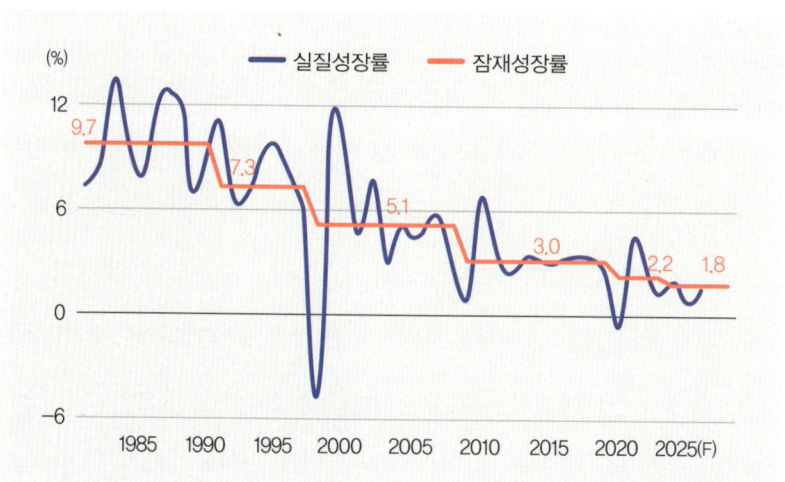

한국 경제성장률 장기 추이

자료: 한국은행, 한국경제산업연구원
(2025년 실질성장률은 한국은행의 전망치이고, 잠재성장률은 한국경제산업연구원의 자체 추정치)

21세기의 1쿼터를 지나는 지점에서 제로성장을 만나게 되었다. 제로 슈거, 제로 칼로리는 좋지만 제로성장은 용인할 수 없다. 다시 뛰려면 성장 동력을 갖춰야 한다. 이재명 대통령은 AI를 꼽았다. 아날로그 시대의 인프라가 고속도로였다면, 디지털 시대의 인프라는 'AI 고속도로'다. 국가 단위의 공공 데이터 센터를 구축하고, 학생이나 소상공인과 중소기업에 이르기까지 누구나 AI를 이용할 수 있는 시스템을 도입하겠다는 계획이다. 그 밖에도 반도체와 이차전지 등의 주력 산업들을 첨단화하기 위해 R&D 예산을 안정적으로 확대해나가고, 청년 과학기술인 지원 확대 등과 같은 인재 확보를 목표로 설정했다.

자본시장: 코스피 5,000 시대

이번 정부는 코스피 5,000을 공약했다. 상법 개정 등을 통해 자본시장의 선진화를 이루겠다는 목표다. 주주의 권리 보호와 기업 경영의 투명성을 높이는 방향으로 자본시장의 여건을 개선해나갈 것으로 기대된다. 2025년 7월 3일, 상법 개정안이 국회를 통과하는 역사적인 날을 맞이했다. 이사의 주주 충실 의무나 '3% 룰' 등이 포함된 상법 개정안이 국회를 통과했지만, 집중투표제 강화와 감사위원 분리 선출 확대는 보완 사항으로 남았다. 향후 공청회 등을 개최해 재계와

상법 개정 및 향후 보완 사항

■ 7월 3일 상법 개정

이사의 충실 의무 대상 확대	'회사'에서 '회사 및 주주'로 확대
전자주주총회 의무화	전자주주총회 도입(주총 방식 전자화)
독립이사제 도입	사외이사 명칭을 독립이사로 변경
3% 룰	감사 선임 시 최대 주주·특수관계인의 합산 지분 의결권을 3%로 제한

■ 추후 보완

집중투표제 강화	대규모 상장회사의 집중투표제 의무화
3% 룰	감사위원을 현행 1명에서 2명 이상으로 확대

자료: 국회, 언론 종합

개인 투자자 등의 여론을 고려한 2차 상법 개정을 추진할 것으로 판단된다.

상법 개정만 보면 코스피가 4,000을 넘어 5,000 시대로 진입할 것이란 기대는 매우 섣부르다. 보약을 먹는다고 아프지 않으리라는 법이 없고, 육상 선수의 기록이 절대적으로 좋아지리라는 법이 없다. 자본시장을 개선했다면 국내외 투자자들이 한국 시장을 매력적으로 인식할 계기는 마련했다고 할 수 있으나, 주가가 오르는 본질적인 이유는 다른 데 있다. 주식은 본질적으로 미래가치에 대한 투자다. 상장사들이 미래 지향적 경영전략을 채택하고, 성장과 성과를 보인다면 길을 막아선다 해도 투자자들이 한국 자본시장에 모일 것이다.

주식시장이 지나온 역사는 코스피로 설명된다. 2005년대 들어서 코스피가 1,000을 돌파하고, 2007년 들어서 2,000을 돌파했으며, 2021년 들어 3,000 시대를 맞이했다. 약 8개월간 3,000 시대에 머물렀으나, 이후 약 4년 동안 2,500 언저리에서 머물고 있다. 한국 주식에 관한 관심이 떨어져 있기 때문이다. 상장주식 회전율[1]은 상장된 주식이 얼마나 자주 거래되는지를 나타내는 척도다. 2020년~2021년 동안 이른바 '동학 개미 운동'이 일어났을 만큼 주식시장에 대한 열기가 뜨거웠다. 그러나 2025년 상반기는 과거 어느 때보다도 낮은 회전율을 보였다. 2025년 하반기부터 상장주식 회전율이 반등하기 시작했고, 코스피는 3,200 선에 진입했다. 상법 개정은 물론이고, 국내외 투자자들이 한국 시장에 관한 관심을 불러오도록 하는 유인책들이 추가로 마련되어야 하겠고, 그렇게 움직일 것으로 기대한다.

---

1 상장주식 회전율은 상장된 주식이 얼마나 자주 거래되는지를 나타내는 척도다. 이는 해당 기업에 대한 투자자들의 수요와 공급을 측정하는 데 사용한다. 회전율이 높은 주식은 낮은 회전율의 주식보다 유동성이 높아 거래하기 쉽다. 따라서 투자자들은 회전율을 고려하여 주식의 매수 또는 매도 여부를 결정할 수 있다. 일반적으로 회전율이 높은 주식은 투자자들이 선호하는 경향이 있다. 이러한 주식은 유동성이 높아 투자자들이 필요할 때 쉽게 매도할 수 있기 때문이다. 그러나 회전율이 너무 높은 주식은 가격 변동이 크거나 투기적인 거래가 많을 수 있음을 의미할 수도 있다. 반면에 회전율이 낮은 주식은 투자자들의 관심이 적거나, 주식이 외부에 알려지지 않았거나, 주식을 보유한 소수의 주주에 의해 지배될 수 있음을 나타낼 수 있다. 이러한 주식은 유동성이 낮을 수 있으므로 투자자들이 필요할 때 매도하기 어려울 수 있다. 상장주식 회전율은 주식 투자를 위한 중요한 고려 사항이다. 투자자들은 주식의 회전율을 연구하여 유동성, 투자자들의 수요 및 공급, 주가 움직임의 잠재적인 위험성을 평가해야 한다.

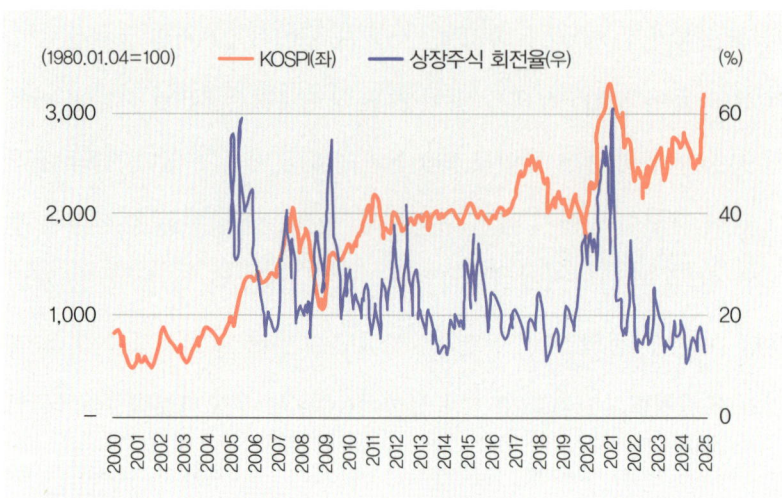

자료: 한국은행

자산시장:
부동산 초양극화

6·27 대책은 이재명 정부의 부동산 정책 방향성을 가늠할 수 있는 방향타와 같다. 6·27 대책은 서울을 중심으로 주택담보대출을 제한하는 금융정책이다. 향후 발표될 부동산 정책 방향은 서울 아파트로의 유동성이 집중되지 않도록 하고, 주식시장이나 비수도권 부동산 시장으로 유입되도록 할 것으로 보인다. "수요 과다로 집값이 오르면 세금으로 수요를 억제하는 것이 아니라, 공급을 늘려서 적정한 가격을 유지하도록 하겠습니다." 이재명 대통령이 유세 현장에서 더불어

민주당의 부동산 정책을 발표하면서 남긴 말이다. 향후 부동산 정책의 방향성을 이해할 수 있는 핵심 문장이다. 서울의 강남 3구를 중심으로 아파트 가격이 상승하는데, 수요 과다를 막는 정책뿐만 아니라 공급 확대를 추진하겠다는 의지를 표명한 것이다.

부동산 시장의 초양극화가 진전되고 있다. 서울을 중심으로 한 아파트 가격 상승세가 이어지고, 비수도권의 경우 내림세가 멈춰질 기세조차 보이지 않는다. 서울 강남 3구를 중심으로 한 고가 부동산 거래는 열어두고, 이를 통해 세수를 늘리겠다는 계획이다. 가격 상승세를 무리하게 막지 않겠다는 의도가 바닥에 깔려 있다고 해석된다. 한편, 비수도권의 부동산 시장은 너무 떨어지고, 거래가 멈춰 서며, 악

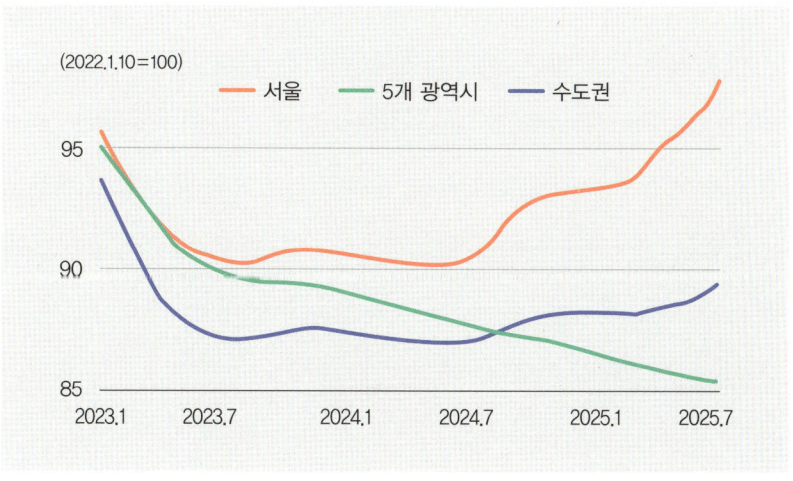

지역별 아파트매매가격지수 추이

자료: KB부동산

성 미분양 주택이 쌓여서 문제다. 국토균형발전 전략을 통해 이러한 문제를 해결하는 데 집중할 것이다. 세종으로 행정수도를 완성하고, 5대 초광역권과 3대 특별자치도(제주, 강원, 전북)를 추진해나갈 것이다. 부동산 시장 전망에 대한 깊은 분석은 2부의 「08 2026년 부동산 시장 전망」편을 참조하길 바란다.

통상환경(외수): 실용적 외교 통상

그간 통상환경의 불확실성이 이렇게 고조된 바 없었다. 트럼프 2.0 시대와 더불어 미중 패권 전쟁이 격화하고 있다. 지경학적 분절화 geoeconomical fragmantation가 전개되면서 세계지도의 퍼즐이 부서졌다가 다시 맞춰지고 있다. 한국 정부는 이러한 세계 질서의 변화에 실용적으로 대처하는 나라를 만들겠다는 정책 의지를 발표했다. 편중된 수출구조(수출시장별, 품목별)를 개편해 다변화를 추진함으로써 흔들림 없는 통상환경을 이루겠다는 방침이다. 인도, 인도네시아, 필리핀 등과 같은 고성장 국가들을 상위 5대 수출 대상국으로 편입하는 전략들을 마련해야 하겠다.

자료: 한국무역협회

　공급망 구조도 마찬가지다. 2019년 일본이 일방적으로 소재 공급을 차단했을 때, 이른바 '소부장 국산화'로 대응했다. 그러나 6년이 지난 지금 한국의 공급망은 여전히 해외 주요국에 편중되어 있다. 중국은 수출통제법('20)을 제정하고, 핵심 광물의 수출을 본격적으로 통제하고 있는데 한국은 여전히 중국에 전적으로 의존하고 있다. 자원 전쟁에 관한 구체적인 사항은 3부의 「06 희토류 전쟁과 자원의 무기화」편을 참조하길 바란다. 한국의 주력 첨단산업의 공급망 리스크가 고조되고 있다. 몰리브덴금속(괴)은 99.7%를 중국에 의존하고 있다. 소재·부품·장비의 국산화는 실패한 전략이었음을 깨달았다면, 이제는 '공급망 다변화'라는 방향성을 갖고 주요 광물 보유국과 외교적

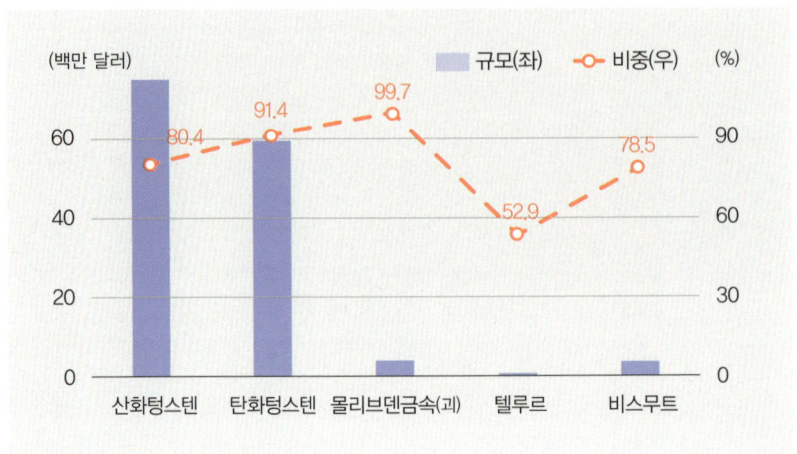

자료: 한국무역협회

협력을 강화해나갈 것으로 보인다.

가계경제(내수):
경제 활력 증진

국가의 부를 GDP로만 측정할 수는 없다. 경제가 성장해도 서민이 가난하다고 느낀다면 공정 경제라 할 수 없다. 고성장 국가로 전환을 이끌지라도 첨단산업 수출 기업들만의 잔치일 수 있다는 것이다. 이재명 대통령은 가계와 소상공인의 활력을 증진해 공정 경제를 실현

하겠다는 공약을 발표했다. 경제 선순환을 유도할 계획이다. 기업이 투자할 수 있는 완화된 규제환경을 만들고, 근로자 우선의 노동환경을 조성하는 것이다. 멈춰 있던 기업의 신규 투자를 유인해 일자리를 만들고, 동시에 근로조건을 개선해 안정적인 소득 기반이 마련될 것이다. 이를 통해 소비하고, 또 투자하는 선순환을 유도할 것으로 보인다.

신정부는 안전망 마련도 후순위에 두지 않을 방침이다. 자영업자 100만 폐업의 시대다. 소상공인 금융 지원을 통한 활력을 마련하는 것뿐만 아니라, 실패 후에도 재기할 수 있는 제도를 강화할 계획이다. 폐업 지원금 현실화 및 폐업 시 대출금 일시 상환 유예 조치 등이 대표적이다. 지역사랑상품권이나 온누리상품권의 발행 규모를 늘려 지

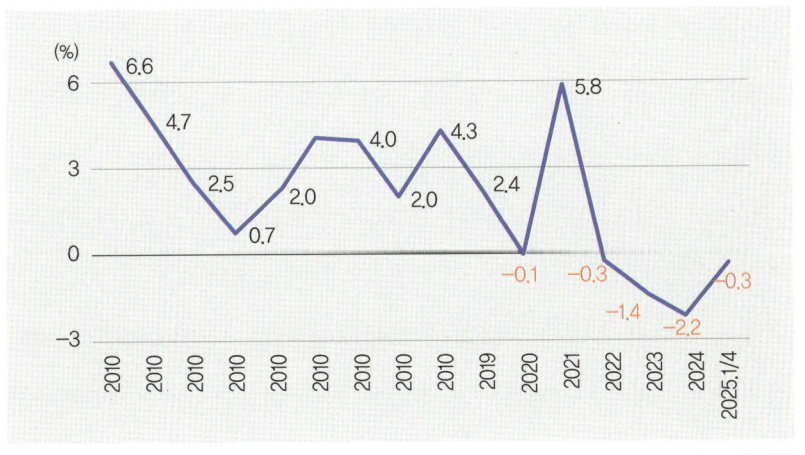

소매판매액지수 증감률 추이(불변가격 기준)

자료: 통계청

역 경제에 돈이 유입될 수 있도록 유도할 계획이다. 자영업 구조조정과 내수경기 침체에 관한 내용은 2부의 「05 자영업 폐업 100만 시대」 편을 통해 더욱 구체적으로 분석했다.

신정부 정책에 대한 소견

가장 먼저 통합의 대통령, 통합의 신정부가 되어야 한다. 지지자들만을 위한 정부가 되어서는 안 된다. 국민들의 동의를 구하고, 반대되는 생각을 경청하고, 충분한 설득의 과정이 필요하다. 또한 '외치는' 공약이 아닌 '이루는' 공약이어야 한다. 국민은 공약을 이루어나가는 모습을 지켜볼 것이다. 정치는 대통령 임기 5년에 한정된 것이 아니기 때문에 정치적 목표를 위해서라도 공약을 반드시 실천해야 한다. 실천하기 어려운 상황에 놓였을 경우에는 충분한 양해를 구해야만 하겠다.

신정부 출범에 대한 기대가 많다. 저성장을 마감하고 자본시장과 자산시장의 정상화가 이루어지기를 기대한다. 대외적 혼란을 실리적으로 극복하고 대내적 피로감을 회복해야 한다. 국민의 절반이 지지했지만, 국민이 모두 만족하는 경제를 기대한다. 기대 이상의 경제정책을 기대한다.

1%
성장의 늪

02

어제 걷던 길과 내일 걸을 길이 다르다. 우리는 지금 중대한 분기점에 놓여 있다. IMF는 공식적으로 세계 경제가 'Critical Juncture(중대한 시점)'에 놓여 있다고 강조했다. 한국 경제가 어떠한 여정을 걸어왔는지 냉정하게 평가해보고, 이 길이 아니라면 어떤 길을 향해야 할지를 판단해야 하는 기로에 서 있다.

저성장의 여정을 걸어온 한국 경제

한때 기적이라 칭했던 때가 있었다. '한강의 기적'이라 불릴 만큼 초고속 성장을 지속했던 1970년~1980년대 시기다. 산업 기반이 전혀 없었던 시기를 거쳐 제조업 기반의 국가로 도약했다. 한국 경제는 1970년대 14.9%에 달하는 고도의 경제성장률을 기록한 적도 있다. 이후 2018년 세계 GDP 10위국으로까지 도약했고, 이제는 국제기구들이 한국을 선진국으로 분류하고 있다.

하지만 2000년대 들어 5% 미만으로 성장률이 내려오고, 2020년

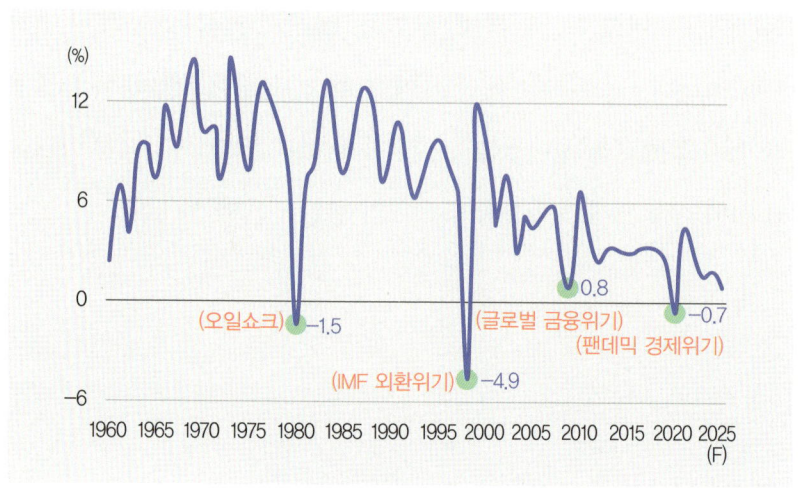

한국의 장기 경제성장률 추이

자료: 한국은행(2025년 경제성장률은 IMF의 2025년 7월 기준 전망치)

대 들어 2% 미만으로 또 내려왔다. 1970년 14.9%의 경제성장률을 기록한 이후 줄곧 저성장의 여정을 선택해왔다. 2022년부터 2026년까지 최근 5년 동안의 경제성장률을 평균하면 1.7%에 달한다. 여기서 2025년과 2026년 경제성장률은 IMF의 전망치를 기준으로 했다.

급격한 조정을 받은 한국 경제

2025년 상반기는 혼돈의 시대 그 자체였다. 국외적으로는 트럼프발 관세 전쟁의 공포감이, 국내적으로는 정치적 불확실성이 한국 경제를 짓누르듯 했다. 2025년 1월, 트럼프 대통령이 취임하자마자 자국 우선주의의 보호무역 조치를 발표하면서 다국적 기업들이 미국으로의 투자를 단행하도록 유도했다. 국내 기업들도 전전긍긍하며 어떻게 의사 결정을 해야 할지 망설였고, 국내 설비투자와 건설투자는 급감하기에 이르렀다. 이 와중에 한국은 헌법재판소의 대통령 탄핵 결정에 이르기까지 정치적 혼란이 가중되었고, 정책 공백으로 트럼프발 소용돌이에 대응하는 데 부족함이 있었다고 평가된다.

한국으로 향했던 자금도 송두리째 빠져나갔다. 외국인 증권투자는 물론이고 국내 투자자들도 한국을 외면했다. 한국 기업을 인수하거나, 직접투자를 계획했던 기관들도 모두 투자 철회를 결정했다. 국가 신인도도 바닥에 떨어지면서 외환시장이 흔들렸다. 민간과 공공의 행사나 회식 등이 멈추면서 숙박·음식점업 매출이 급감했고, 내수 경기의 침체를 지켜볼 수밖에 없었다. 게다가 중국의 기술 추격과 산업 생태계를 장악하는 행보는 위협적이기까지 하다. 이와 관련된 자세한 내용은 3부의 「03 중국 기술, 추격인가 역전인가」 편을 살펴보기 바란다.

한국은행은 2월에 발표한 경제전망 보고서를 통해 2025년 한국 경제성장률을 1.5%로 발표한 바 있고, 종전 전망치를 1.9%에서 0.4%p로 하향 조정했다. 이는 한국은행 역사상 가장 큰 폭의 조정이었다.

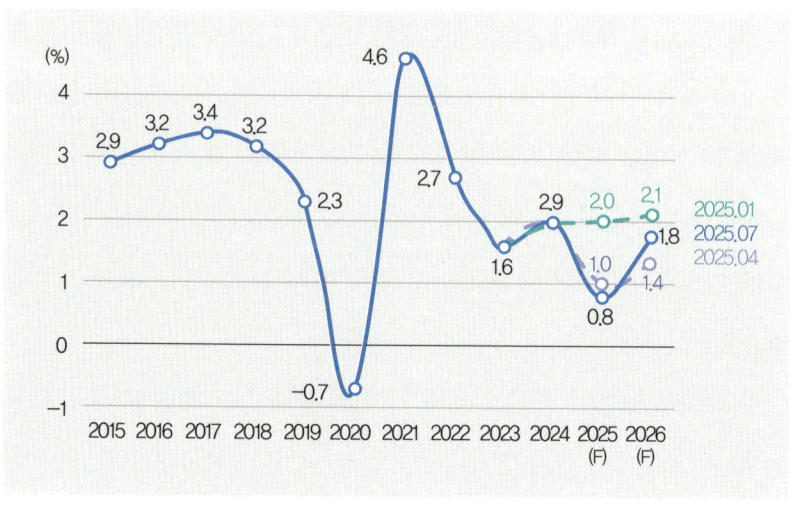

(실선은 IMF의 2025년 7월 기준 경제성장률 전망치이고, 점선은 2025년 1월과 4월 기준)

이어 5월에는 2025년 한국 경제성장률을 0.8%로 또다시 하향 조정했다. IMF는 4월에 발표한 세계경제전망 World Economic Outlook 보고서를 통해 2025년 한국 경제성장률을 종전 전망치 2.0%에서 1.0%로 수정했다. 이 역시 역사상 가장 큰 폭의 조정이었다. 이어 7월에는 0.8%로 추가 하향 조정했다.

성장이 필요한 이유

"왜 꼭 성장해야 하는가?"라는 본질적인 질문을 종종 마주한다. 성장하지 않고도 지금의 부를 지키며, 경제 규모를 유지하는 것도 좋은 선택이지 않느냐는 문제 제기인 것이다. 성장이 필요한 첫 번째 이유는 성장하지 않는 것은 곧 후퇴를 의미하기 때문이다. 현재 세계 경제는 약 3%대로 성장하고 있다. 2022년부터 2026년까지 최근 5년 동안의 평균 세계 경제성장률은 3.2%다. 즉 세계 경제가 3%대로 성장하는데, 한국 경제가 1%대로 성장한다는 것은 부를 지키는 것이 아니라 잃는 꼴이다.

두 번째 이유는 성장하는 곳에 고용이 있고, 고용이 있어야 소득이 있기 때문이다. 기업이 생산량을 줄이거나 신사업 진출을 하지 않는 것은 신규 채용이 필요하지 않다는 것을 의미한다. 즉 기업의 신규 투자가 고용을 창출하고, 일자리가 늘어날 때 소득이 늘어나는 구조다. '잃어버린 30년'을 겪은 일본이 대표적인 예다. 지난 30년간 근로자들의 임금이 정체되다시피 했다. 세계적으로 대부분의 나라에서 국민이 임금이 오르고 생활수준이 개선되는 동안 일본은 그렇지 못했고, 결국 종전보다 가난해진 것이다.

세 번째 이유는 '성장'하는 경제에서 '분배'도 유리하기 때문이다. 일반적으로 성장 정책과 분배 정책이 상충된다고 생각하는 경향이 있다. 사실, 분배 정책을 위해서도 정체된 나라보다 성장하는 나라가 유리하다. 예를 들어 피자 한 판을 여러 명이 나눠 먹는다고 가정해 보자. 고루 분배하려는 노력도 중요하겠지만 피자를 두 판으로 키우려고 노력할 경우, 각자에게 돌아가는 피자의 양이 커질 수 있다. 반대로 피자의 양이 쪼그라든다면 아무리 재분배를 위해 노력해도 만족할 만한 결과를 얻기 힘들 것이다.

1% 성장의 늪에서 빠져나올 방안

저성장의 늪에 빠지게 된 원인을 규명하고 이를 극복하는 방향으로 방안을 모색해야 한다. 첫째, 성장 동력을 찾아야 한다. 한국 경제가 과거 고도의 성장세를 이어 갈 수 있었던 배경에는 고부가가치 산업을 향한 도전을 빼놓을 수 없다. 가발, 운동화, 섬유 등과 같은 경공업 중심에서 조선, 철강, 자동차 등의 중화학공업으로 도약했다. 나아가 반도체, 배터리, ICT 등과 같은 첨단제조업으로의 전환을 이어나갔다. 이제 또 다른 성장 동력을 모색해야 한다. 중국 등의 주요국으로부터 추격을 불허하고, 한국만의 특화된 산업 생태계를 구축해야 한다. 다음 성장 동력이 없다면 저성장의 늪에서 빠져나올 수도 없다.

둘째, 자본을 한국으로 끌어와야 한다. 미국은 자국으로 벨류체인을 끌어오고 있다. 트럼프 대통령은 관세라는 으름장을 내면서 미국으로 제조 기지를 이전할 것을 강요하고 있다. 트럼프 대통령만이 아니다. 바이든 전 대통령도 인플레이션 감축법$^{IRA;\ Inflation\ Reduction\ Act}$과 칩스법$^{CHIPS\ Act}$ 등을 통해 미국 내 유망산업을 이전시키려 안간힘을 썼다. 보조금이라는 당근으로 유인한 바이든이나, 관세라는 채찍으로 강요한 트럼프나 목적은 똑같다. 외국 자본의 유인이다. 한국 자본이 해외로 빠져나가지 않도록 하는 전략과 외국 자본이 한국으로 들어오도록 하는 유인책이 동시에 마련되어야 한다. "어떤 나라보다 기업하기 좋은 환경인가?" 하는 질문에 자문자답해야 한다. 차별화된 규제환경, 저금리의 자금 지원, 풍부한 기술 인재 확보, 융합 분야의 기술 교류, ICT 인프라 등의 면에서 다른 나라들이 따라올 수 없는 차원이 다른 경영환경을 구축해야만 한다.

셋째, 미래형 인재를 육성해야 한다. 과거 고도의 성장기에는 인구도 폭발적으로 증가했다. 중성장기에는 인구 증가 속도가 주춤해졌고, 지금의 저성장기에는 인구가 감소하고 있다. 인구 감소를 막는 것이 당장 가능한 일이 아니라면 생산성을 끌어올리는 데 집중해야 한다. 생산연령인구가 감소한다 해도 각각의 생산성이 증대된다면 총생산은 오히려 증가할 수도 있다. 지금까지의 인재가 선진국이 먼저 일궈놓은 산업과 기술을 빠르게 추격하는 데 필요한 역량을 갖췄었다면, 미래형 인재는 그동안에 없었던 새로운 장르를 제안하는 역량이 필요하다. 암기 잘하고, 계산 잘하고, 답변 잘하는 인재가 아니다. 질문할 줄 알고, 문제를 제기하고, 엉뚱한 생각을 하는 사람이 인재가 된다. 거창한 표현일 수 있지만 '전인구의 인재화'를 목표로 하는 교육 방식의 혁신이 요구되는 중대한 시점이다.

'두 번째 한국'을 위한 재설계

03

저성장 자체가 위험한 게 아니다. 저성장에 익숙해지는 것이 위험하다. 현재 한국 경제는 저성장에 익숙해지고 있다. 더 이상 '1%대 성장'이 놀랍지도 않다. 우리나라는 2020년 -0.7%, 2023년 1.4%의 경제성장률을 기록했다. 한국은행과 KDI 모두 2025년 경제성장률 전망치를 0.8%로 제시했다. 지금의 정치적 리스크와 대외환경 리스크가 채 반영되기 전 단계의 전망치라는 점에서 더욱 한숨을 내쉬지 않을 수 없다.

일본식 '잃어버린 10년', 한국도 진입하나?

전쟁 직후 세계에서 가장 가난했던 나라가 세계 경제 규모 10위권 안에 우뚝 선 나라가 되었다. 무역 규모는 세계 8위 수준이고, 1인당 GDP는 식민 지배를 당했던 일본을 추월할 만큼 성장했다. 세계인은 한국의 스마트폰을 쓰고, 텔레비전과 냉장고 및 에어컨으로 일상을 함께하고 있다. 심지어 한국이 만들어놓은 도시에 거주하며, 한국의 반도체 없이는 최고급 AI 서비스도 불가능하다. 그동안 대한민국이 짧은 시간 동안 고도의 성장을 했던 것은 부인할 수 없는 사실이며, 이를 이른바 '한강의 기적'이라 일컫는다.

일본이 경험했던 '잃어버린 30년'은 통상 제로성장을 가리킨다. 지난 30년 동안 성장이 없었던 것이다. 1992년~2023년까지 일본의 경제성장률 30년 평균치는 0.76%였다. 같은 기간 세계 경제가 평균 3.48%씩 성장한 것과 비교해보면 사실 뒷걸음쳐온 것과 다름이 없다. 결과는 혹독했다. 독식하던 산업을 다른 국가들에 모두 빼앗기고, 30년간 임금이 정체되었다. 엔화의 가치는 현저히 떨어졌다. 여행을 떠나던 부자 나라 일본은 어느새 여행 온 주변국 손님을 정성스레 서비스하는 나라가 되었다.

그렇다면 한국도 일본식 '잃어버린 10년'에 진입했는가? 잃어버린 10년을 제로성장이라고 정의한다면 아직 아니라고 할 수 있다. 한

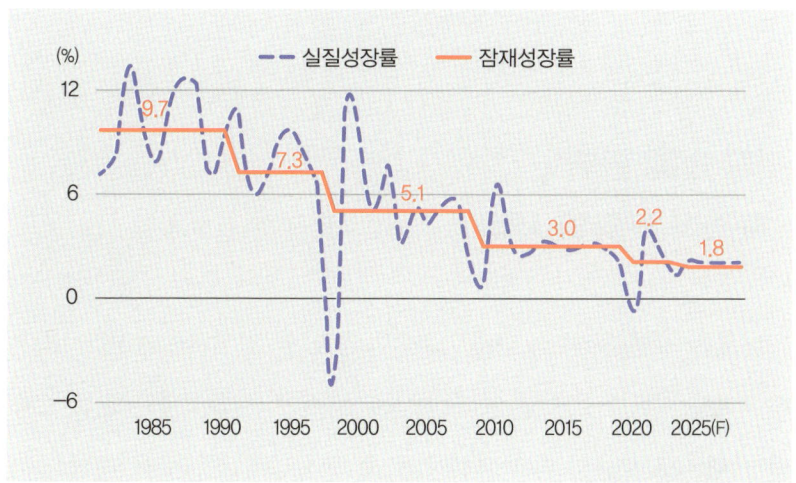

한국 잠재성장률 추정

자료: 한국경제산업연구원
(잠재성장률은 HP 필터링 방법을 사용하여 추정, 실질성장률 추이는 한국은행 국민계정 자료이고, 2025년 전망치는 IMF 자료)

국은 1980년대 9.7%의 잠재성장률[1]을 유지하다가, 1990년대 7.3%, 2000년대 5.1%, 2010년대 3.0%로 내려왔다. 2020년 초에는 그나마 잠재성장률이 2.2%를 유지하는 듯했으나, 2024년 이래로 2%대마저 밑도는 1.8% 수준으로 추계된다. 즉 2%의 실질성장률을 기대하는

---

[1] 한 나라 안에 존재하는 노동력 및 자본 등의 모든 생산요소가 완전고용되었다고 가정할 때, 달성할 수 있는 최대의 생산량 증가율로 물가가 그대로일 때 달성 가능한 최대의 경제성장률이다. 이를 통해 한 나라의 경제성장이 얼마나 가능한지 예측할 수 있고 정부의 적정 성장 목표 설정 등 거시경제 정책을 수립할 때에도 활용된다. 실질성장률이 잠재성장률을 상회하는 경우는 경기가 과열되고 인플레이션이 발생하였다는 것을 의미하며, 잠재성장률보다 낮은 경우에는 경기가 침체하여 자연실업률보다 실업률이 높아졌음을 의미한다.

것도 어려워졌다는 의미다.

'두 번째 한국', 구조적 변화의 서막

이제는 새판을 짜야 한다. 그렇지 않으면 '잃어버린 10년'이라는 수식어를 이어받을 수도 있다. 이대로 지켜만 본다면 좋든 싫든 수용하게 될지도 모른다. 『피벗의 시대 2025년 경제전망』에서 새판을 짜야 할 시점이 왔음을 강조한 바 있다. 2026년을 다시 한번 '두 번째 한국'을 만들어야 할 중대한 시점이라고 강조하고 싶다. 2026년은 21세기의 4분의 1을 마감하고, 새로운 시작을 의미하는 해다. 한 해로 치면 2분기를 시작하는 것과 같다. 100년에 대한 그림을 그리는 데 지나온 1분기를 회고하고, 남은 3개의 분기에 대한 철저한 계획을 세워야 하는 시점이다. 다만 그 계획은 리모델링이나 인테리어 수준이 아니라, 완전히 재설계해야 한다. 구조적인 변화를 이뤄야만 한다.

그렇다면 구조적인 재설계를 위해서는 어떤 움직임이 필요할까? 첫째, 신산업으로의 탈바꿈이 필요하다. 즉 산업구조를 개편해야 한다. 산업 패러다임의 변화를 읽고, 미래산업을 쟁취해야 한다. 어쩌면 간단한 공식이다. 경제성장률이 1%라는 이야기는 모든 산업의 (가중) 평균 성장률이 1%라는 뜻이다. 지는 산업은 0% 혹은 마이너스성장을 하겠지만, 미래의 유망산업들은 5%, 10% 이상 성장하기도 한다. 전통산업에 대한 질서 있는 구조조정을 단행하고, 유망산업을 중심으로 사업을 재편해야 한다. 물론, 유망산업들은 세계열강들이 모두 관심을 갖고 눈독 들이고 있다. 광범위한 영역에서 다 잘하기에는 분명 한계가 있다. 그중에서도 한국이 가장 잘할 수 있는 세분된 부문을 찾고, 누구도 넘볼 수 없는 특화된 기술력을 쟁취해야 한다.

둘째, 스타트업 지구를 조성해야 한다. 저성장에서 벗어나기 위해서는 유니콘 기업이 등장해야 하고, 그러기 위해서는 스타트업을 육성해야 한다. 자라나는 싹이 없는데 어떻게 나무를 기대하고, 어떻게 과실을 상상할 수 있겠는가? 혁신적인 아이디어나 기술 잠재력이 있지만 자금력이 충분치 못한 경우가 많다. 경력이 없는 인재가 어떻게 경력을 갖추고, 매출이 없는 신생 기업이 어떻게 매출을 증빙할 수 있는가? 잠재력 있는 스타트업들이 충분히 도전하고, 작은 성공을 경험하며, 때론 실패라는 수업을 받을 수 있도록 유연한 펀딩 시스템이 갖춰져야 하겠다. 한편, 한국의 기존 규제환경에는 맞지 않는 미래 지향적 아이디어를 갖는 경우도 많다. 잠재력 있는 신생 기업들을 선별적으로 유치하여 유연한 펀딩과 규제 없는 환경을 제공하는 스타트업 지구를 조성할 필요가 있다.

셋째, 흔들리지 않는 수출구조의 개편이 필요하다. 대외 무역환경이 불안해질 때마다 한국 경제가 흔들리고 있다. 특히, 2025년 트럼프 대통령이 관세장벽을 높이자 중국 등의 상대국들도 맞대응하고 있는 모습이다. 무역환경을 둘러싸고 미중 간의 긴장감이 고조되고 있는 가운데, 한국은 양국에 대한 수출의존도가 극단적으로 높다. 2024년 연간 수출액을 기준으로 한국의 대중 및 대미 수출의존도는 각각 19.5%, 18.7%에 달하며, 특히나 대중국 수출액의 약 79%를 중간재가 차지한다. 소비재(자동차, 휴대폰 등의 완제품)가 아니라 원자재(철강, 고무, 유리 등)와 자본재(기계, 장비, 부품 등)를 수출한다. 즉 중국에 제조 기지를 두고 부품을 수출해 완제품을 생산하여 미국 등으로 우회 수출하는 구조다. 베트남, 인도, 인도네시아 등의 중국을 대체할 수출 대상국을 중심으로 수출의존도를 높여나간다면 무역구조의 안정성을 꾀할 수 있을 것이다. 중소, 중견기업들의 우수 제품들을 발굴

한국의 10대 수출 대상국별 수출액과 비중

자료: 한국무역협회

해 현지에 특화된 상품으로 맞춤화하고, 현지 바이어와의 매칭을 지원해주며, 신시장에 진출할 수 있도록 유망 시장 진출을 지원해주는 정책들을 마련해야 한다.

넷째, 자원 영토를 확장해야 한다. 한국은 석유 한 방울 나지 않는 나라지만, 세계에서 8번째로 많은 석유를 소비하고 있다. 그 밖에도 많은 원자재를 수입하는 국가다. 수출 대국이면서 수입 대국이다. 세계는 지경학적 분절화가 진행되고 있다. 지정학적 그리고 경제적인 이유로 세계화에 역행하면서, 이념이나 비즈니스적으로 지향하는 바가 같은 나라들끼리 블록^{block}을 형성하고 있다. 적대 국가에 공동으로 경제제재를 가하거나, 전략 자원 공급을 차단하는 등의 움직임이 있다. 한국은 대외 무역의존도만 높은 게 아니라, 대외 자원의존도도 높으므로 이러한 지정학적 움직임에 매우 취약하다고 평가받는다. 그러므로 기업들의 해외자원 개발사업을 독려하고, 주요 신흥국들로부터 자원 개발권, 채굴권, 판매권을 확보해야만 한다. 자원 수급이 흔들리면 경제뿐만 아니라 안보도 흔들린다. 해외로부터 안정적으로 자원을 조달받을 수 있는 체계를 구축하는 등의 실리적 자원 외교를 강화해야 할 때다.

다섯째, 전인구의 인재화를 추진해야 한다. 대외적으로도 굽이굽이 산들이 놓여 있지만, 대내적으로 넘어야만 할 '큰 산'인 인구구조의 변화에 당면한 상황이다. 노동인구가 감소해도 각 개인의 생산성을 증대시킨다면 총생산량이 늘어날 수 있다. 노동력이 고부가가치화되고, 인력이 인재화되어야 한다. 지금 세계는 AI와 반도체를 중심으로 한 기술 패권 전쟁에 돌입했고, 패권 국가들은 누가 더 훌륭한 기술 인재를 확보할지를 두고 경쟁하고 있다. 몇몇 나라들은 기술 인재를 불법적으로 약탈하고도 있다. 특정 영역에서 특화된 인재들을 양성하는 방향으로의 교육 구조로 재편하고, 기술 인재들에 더 많은 보상이 돌아가도록 하는 체제를 구축해야 한다. 대학 학과도 미래산업, 미래 기술 중심으로 재편하고, 저명한 석학들과 기술 인재들을 초청해 활발한 기술 교류가 이루어질 수 있도록 해야 한다. 교육 예산과 R&D 예산은 구조 개편의 동력으로 사용되어야 할 것이다.

가파른 오르막을 지나면 필연적으로 가파른 내리막을 만나야만 하는가? 내려갈 때 내려가더라도 긴 능선을 찾아야 하지 않는가? 오르막을 지나 다른 오르막을 찾아 나서야 하지 않는가? 세대 간, 지역 간, 이념 간의 갈등이 격화하는 상황이다. 서로 다른 대상을 공격하고 헐뜯는 싸움이 아니라 대한민국의 미래를 놓고 싸워야 한다. 어려운 상황을 모면하기 위해, 단기적으로 만난 돌풍을 회피하기 위해 고민하는 것이 아니라 구조적으로 다른 대한민국, '두 번째 한국'으로 도약하기 위한 고민을 집중할 때다.

'체감적'
스태그플레이션

04

 식당 앞에서 한참을 망설인다. 결국 손님은 식당을 바라보다 고개를 돌리고, 사장님은 지나는 손님을 붙잡을 수 없다. 손님은 가격표를 보고, 사장님은 텅 빈 의자를 본다. 점심 한 끼도 커피 한 잔도 지갑 사정을 보자니 망설일 수밖에. 편의점으로 향한 직장인들은 전자레인지에 도시락을 데우며 2분이 지나기를 기다린다.

점심값이 오르고 커피값도 오르고 모든 게 오르는데 월급만 안 오르는 것 같다. 임금근로자의 입장만이 아니라 자영업자의 상황도 이해하기 어려운 건 아니다. 재료비 오르고, 임차료 오르고, 전기 요금과 가스 요금까지 다 오르는데 메뉴 가격을 올리지 않을 수 있으랴?

월급 주는 기업의 사정도 마찬가지다. 기업의 매출도 그렇고, 영업이익도 줄어드는데 임금 인상 요구를 수용하기가 부담스럽기만 하다.

스태그플레이션 찾아왔나?

스태그플레이션의 사전적 정의는 경제활동의 침체와 함께 물가 상승이 발생하는 현상이다. 불황을 뜻하는 스태그네이션Stagnation과 지속적인 물가 상승을 뜻하는 인플레이션Inflation의 합성어다. 통상적으로 불황이 오면 물가가 하락하고, 호황이 오면 물가가 상승하는데 경기와 물가의 안 좋은 것만 함께 찾아온다니 이보다 안 좋을 수 없는 상황이다.

스태그플레이션이 한국 경제를 덮친 걸까? 한국 경제가 경기침체와 인플레이션 두 가지 조건에 부합하는지 진단해보자.

첫째, 한국 경제는 이미 경기침체에 진입했다고 판단한다. 2020년 팬데믹 경제위기를 경험한 이후 한국 경제는 경기침체에 진입했고, 2025년까지도 벗어나지 못하고 있다. 2020년~2025년까지의 경제성장률 평균치가 1.7%다. 한국은행은 지난 2월 2025년 경제성장률을 1.5%로 전망했고, 기존 전망치(2024년 11월)에서 0.4%p나 하향 조정했다. 이어 2025년 5월에는 0.8%로 추가 조정했다. 0.7%p 추가 하향

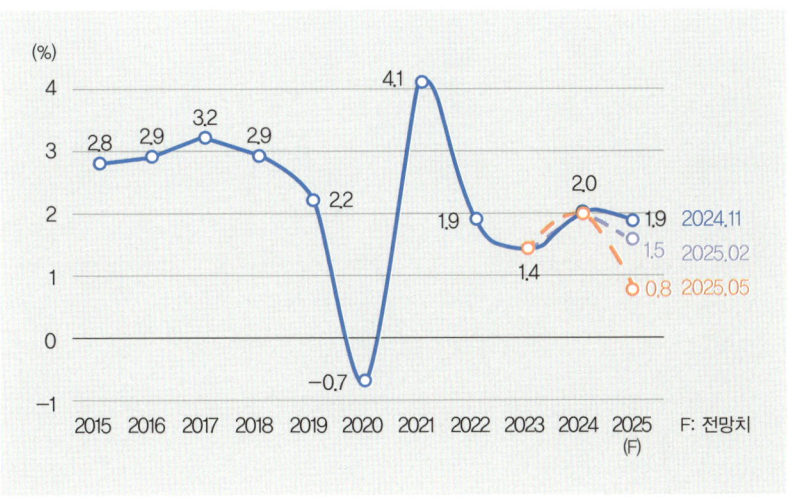

자료: 한국은행

조정은 한국은행의 경제전망 역사상 최대 폭이다.

정의가 분분하긴 하나 경기침체Recession는 경제순환 주기Economic Cycle로 볼 때 확장 국면이 아닌 수축 국면에 놓일 때를 가리킨다. 한국 경제의 잠재성장률이 2% 수준인 것을 고려하면, 최근 6년 동안 잠재성장률을 밑도는 상황에 갇힌 것이다. (잠재성장률에 관한 구체적인 분석은 2부의 「03 '두 번째 한국'을 위한 재설계」 편을 참조하길 바란다.) 트럼프 대통령이 취임한 이후, 대외환경이 매우 녹록지 않고 대내적으로도 정치적 불확실성으로 불안이 가중되는 형국이다. 2025년~2026년 동안에도 경기침체 국면에서 벗어날 만한 마땅한 돌파구는 보이지 않고 있다. 스태그플레이션의 첫 번째 조건인 경기침체 상황에 부합

한국 물가상승률 추이 및 전망

자료 : 통계청

한다고 판단된다.[1]

둘째, 한국 경제가 인플레이션 상황에서는 벗어난 것으로 진단된다. 물가상승률이 2025년 6월 2.2%를 기록하며, 한국은행의 목표 물가인 2%에 부합하기 때문이다. 물가상승률이 2022년 7월 6.3%를 기록하면서 한국도 예외 없이 글로벌 인플레이션 시대에 진입했었고, 이후 기준금리 인상 등의 노력으로 인플레이션에서 빠져나온 것으로 판단된다. 더욱이 근원물가의 경우 2.0%의 상승률을 기록하는 만큼,

---

[1] 경제위기(Economic Crisis)와는 다른 개념이다. IMF 외환위기나 팬데믹 경제위기와 같이 경기 사이클의 경로를 완전이 벗어나 경제활동이 급격히 수축하는 공황 상태를 말한다. 이 경우 통상 마이너스 경제성장률, 즉 역성장한다.

오히려 2017년~2020년 동안의 '디플레이션 우려' 상황에 진입한 것으로 보인다.

경제 전문가 집단이 말하는 물가와 대중들이 말하는 물가의 개념은 다르다. 한국은행을 비롯한 경제 전문가 집단은 '물가상승률'을 논하고, 일반 대중은 '물가수준'을 논한다. 물가상승률은 잡혔지만 물가수준은 잡히지 않은 것이다. 대중은 "물가는 언제 잡히나?"라며 고충을 토로한다. 물가상승률이 마이너스가 아닌 이상, 여전히 물가는 오르는 것이다. 아직도 2% 물가상승률을 유지한다는 것은 그동안 가파르게 올라간 물가수준에서 부담이 가중되고 있다고 해석할 수 있다.

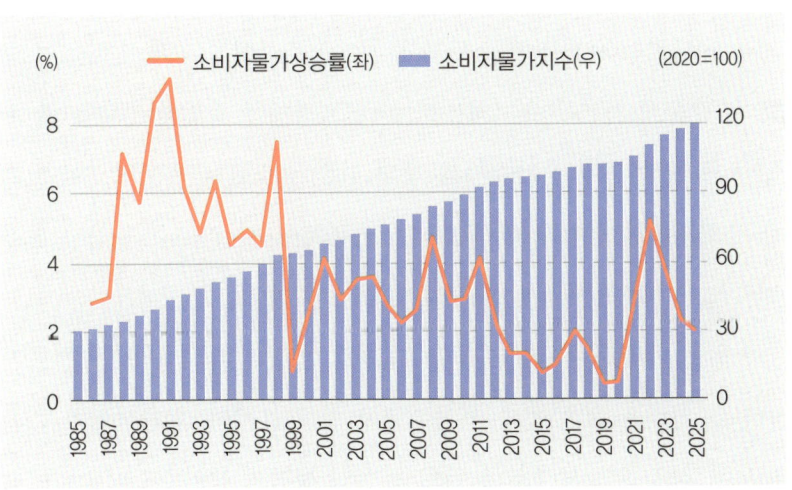

한국 물가상승률과 물가지수 추이

자료 : 통계청
(2025년 소비자물가지수와 소비자물가상승률은 2월 기준)

사실상 한국의 소비자물가 통계를 집계한 이래로 물가수준이 전년보다 오르지 않은 적은 한 번도 없었다. IMF 외환위기, 글로벌 금융위기, 팬데믹 경제위기가 닥쳐왔는데도 물가는 오르기만 했다.

'체감적' 스태그플레이션, 어떻게 대응해야 하는가?

스태그플레이션이 아니라 '체감적' 스태그플레이션이다. 진단이 틀리면 처방도 틀린다. 스태그플레이션이라고 한국 경제를 진단하면 잘못된 대응책을 마련하게 된다. 한국 경제는 '저성장 고착화'하고 있고 장기침체 상황에 놓여 있지만 인플레이션 상황은 아니다. 물가 안정을 유도하는 통화정책의 관점에서는 인플레이션 상황이 아니기 때문에, 긴축적 기조를 유지하는 것이 실물경제에 과중한 부담을 줄 수 있다. 물론 환율이나 가계부채 등의 다른 요소들을 총체적으로 고려해 통화정책을 운용해야 하겠지만, 인플레이션이라고 오진하고 통화긴축을 유지하면 위험할 수 있다.

서민이 체감하는 물가수준은 가혹할 만큼 높다. 서민의 체감물가 안정을 위한 노력은 정부가 경주해야 할 부분이다. 체감물가가 높은 이유는 식료품이나 주거비 등의 필수재 성격의 물가수준이 높고, 그에 상응하는 수준으로 소득이 늘어나지 않아서다. 농·축·수산물 공급망 안정화 방안이나 주거 안정 방안을 마련해야 한다. 저성장 기조가 장기화하는 국면에서 고용시장이 불안하고, 소득도 불안정한 상황이다. 일자리를 창출할 수 있는 경제 선순환 구조를 고민해야 한다. 취약계층을 위한 식료품 바우처 사업이나 공공 근로 사업 등과 같은 안전판도 확대해야 한다.

'체감적' 스태그플레이션의 함정에서 빠져나와야 한다. 저성장의 고리에서 빠져나와야 한다. 1%대 저성장을 당연한 것으로 받아들이지 말아야 한다. 중국의 무서운 기술 추격과 세계시장 장악 등의 흐름을 좌시하면 안 된다. (중국의 기술 추격에 관한 구체적인 분석은 3부의 「03 중국 기술, 추격인가 역전인가」 편을 참조하길 바란다.) 한국이 가장 잘할 수 있는 기술과 산업을 재정의하고, 해당 영역으로 민간 R&D 투자와 사업 진출을 독려해야 한다. 쓰러지는 나무에 매달려 있어서는 안 된다. 쓰러지는 나무를 꽉 붙잡고 떨어지지 않기 위해 애쓰는 것이 아니라, 다른 나무로 옮겨 가야 하는 시점이다.

자영업 폐업
100만 시대

05

"그동안 감사했습니다." 가게 사장님들이 하얀 종이에 써 내려가는 문구다. 이 짧은 문구에는 수만 번의 웃음과 눈물이 담겨 있고, 수십 년의 추억과 애환이 녹아 있을 것이다. 사장님의 마음을 채 헤아릴 수 없겠지만, 그냥 지나쳐 갈 수 없는 행인의 표정에도 안타까움이 드리워진다. 2023년 폐업 자영업자는 98.6만 명으로 역대 최대치를 기록했고, 2024년에는 100만을 넘어서면서 최대치를 갱신했다. 폐업이 가장 많았던 주요 업종으로는 소매업(30만), 서비스업(22.4만), 음식점업(15.3만) 등이 있다.

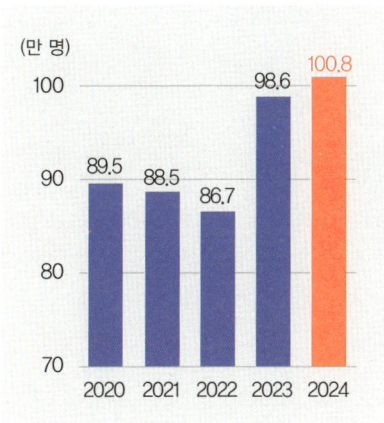
연도별 폐업 자영업자 추이

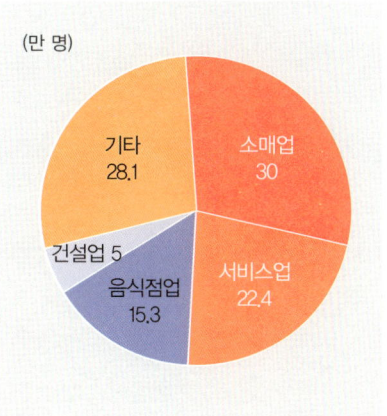
2024년 주요 업종별 폐업 수

자료: 국세청

자영업 폐업 현황과 전망

자영업자가 감소하고 있다. 코로나19가 닥치기 전 2019년 국내 자영업자는 약 668만 명에 달했다. 거리두기 조치 등으로 2021년 652만 명으로 감소했고, 2024년 말 기준으로도 653만 명 수준으로 코로나19 이전 수준으로 회복되지 못하고 있다. 2025년 2분기 기준으로 자영업자는 651만 명에 달해 감소세가 뚜렷하다. 여기서 자영업자는 OECD 등의 국제 통계를 기준으로 비임금근로자(고용주, 자영자, 무급가족종사자)라고 정의하기로 한다. 계절성을 고려해 연간 규모와 직접 비교하는 데 한계가 있으니 해석에 유의할 필요가 있다.

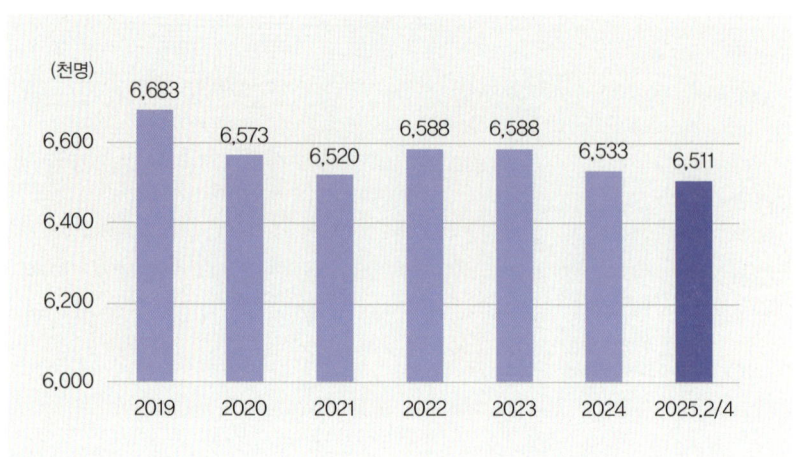

자료: 통계청 『경제활동인구조사』

　자영업자 규모가 줄어들고 있다는 것은 창업자보다 폐업자가 많다는 뜻이다. 현재 한국의 창업시장은 많이 창업하고 많이 폐업하는 구조다. 한때는 자영업이 과다하다고 지적했지만 이제는 자영업이 구조조정되고 있음을 우려하고 있다. 자영업 구조조정이 한국 경제에 주는 의미는 무엇이고, 그 배경과 영향은 어떠한지 진단해볼 필요가 있다.

내수 부진의 얼굴

자영업 경기는 내수경기의 얼굴이다. 임금근로자가 체감하는 경기는 내수와 외수 경기가 혼재되어 있다고 할 수 있지만, 자영업자가 체감하는 경기는 온전히 내수경기인 셈이다. 자영업 폐업이 많아지면 지역 내 상가에 공실이 늘어나고, 지나는 행인들이 폐업이라는 문구가 덩그러니 걸려 있는 모습을 보자니 그 마음도 공실이 된다. 지역 상권의 온기가 식으면 상인들이 그 상권을 떠나는 악순환이 나타난다. 지역 주민의 마음도 따라 공허해지고, 지역 경기는 말이 아니다.

내외수 경기가 동반 부진하고, 불확실성이 고조됨에 따라 경제가 악순환한다. 어깨를 움츠린 기업들이 신규 투자를 줄이고 있고, 고용시장이 불안해지고 있다. 2,800만 취업자 중 약 77.1%에 달하는 임금근로자들의 소득이 쪼그라드는 데다가, 물가는 물가대로 높아 소비할 여력이 축소되고 있다. '텅장'이라는 말이 괜히 나왔던가? 월급 통장에서 이것저것 다 빠져나가고, 이미 천장까지 솟아 오른 물가에 소비를 줄일 수밖에. 가장 먼저 줄이는 것이 외식 소비이니, 곧 자영업 경기 위축으로 이어지는 구조다.

소매판매액이 4년 연속 감소하고 있다. 해당 통계를 집계한 이래로 역사상 처음 있는 일이다. 2022년~2024년 동안 3년 연속 감소했고, 2025년 들어서도 감소세를 이어가고 있다. 소매판매액지수 증감률이

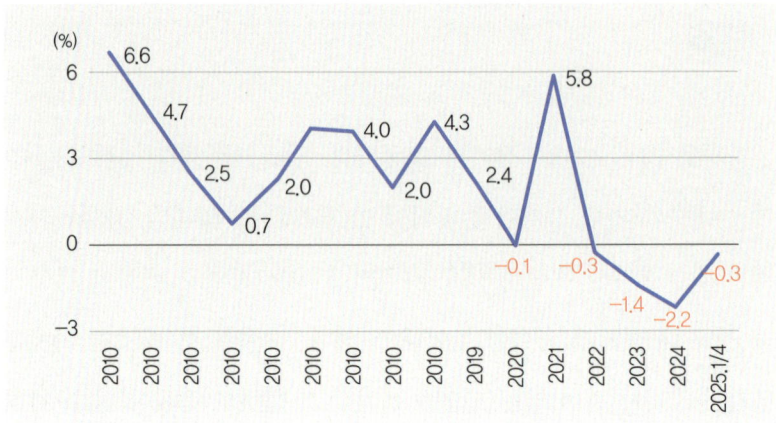

자료: 통계청

2022년 -0.3%, 2023년 -1.4%, 2024년 -2.2%를 기록했고, 2025년 들어서도 1분기 -0.3%로 불안하게 전개되고 있다. 숙박업과 음식점업 상황은 더욱이나 심각하다.

자영업 폐업이 가져올 경제적 파장

자영업의 구조조정은 인구문제와도 직결된다. 한국의 가장 큰 숙제인 인구구조 변화에 대응력이 약해진다. 고령화가 가속화됨에 따라 60세~65세에 생애 주된 직장에서 퇴직이 늘고 있다. 퇴직 시점도 앞당겨지고 있어 70년대생인 X세대의 퇴직도 증가하고 있다. 기대 수명은 늘어나는데 퇴직 후 채용해줄 고용주를 찾기 힘들다. 그래서 선택하는 것이 자영업 창업인 셈이다. 자영업의 정의는 self-employed, 즉 '스스로 채용한 사람'이다. 자영업 경기가 탄탄하고, 자발적 창업이 이어지고, 견실한 소득의 원천이 된다면 좋겠지만 지금과 같이 그렇지 않은 경우 큰 인구문제로 연결될 것이다. 즉 자영업 생태계가 부실한 경제는 인구구조 변화에 대한 대응도 미숙하다 하겠다.

자영업 부진은 중산층 축소로 이어진다. 퇴직금과 대출에 의존해 창업을 하지만, 이렇다 할 매출이 이어지지 못하면 운영자금을 마련하기 위해 추가 대출에 의지할 수밖에 없다. 창업을 통해서 삶의 목표를 이루거나 경제적으로 안정적인 삶을 영위하는 자영업 생태계가 필요한데, 그렇지 못하고 폐업이 반복되는 구조라면 중산층이 저소득층이나 취약계층으로 전락하게 된다. 실제로 많은 자영업자들이 경제적 고충을 느낀다. 버티고 버티다 결국 폐업을 결심하게 되지 않는가?

과다한 창업과 폐업은 부채 문제로도 연결된다. 창업자금과 운영자금 마련을 위한 대출은 가계부채와 기업부채에 영향을 미친다. 자영업자 대출은 총 1,064조 원에 달하고, 이는 가계대출 약 350조 원, 개인사업자대출(기업대출) 약 714조 원으로 구성된다. 국가 부도가 대외

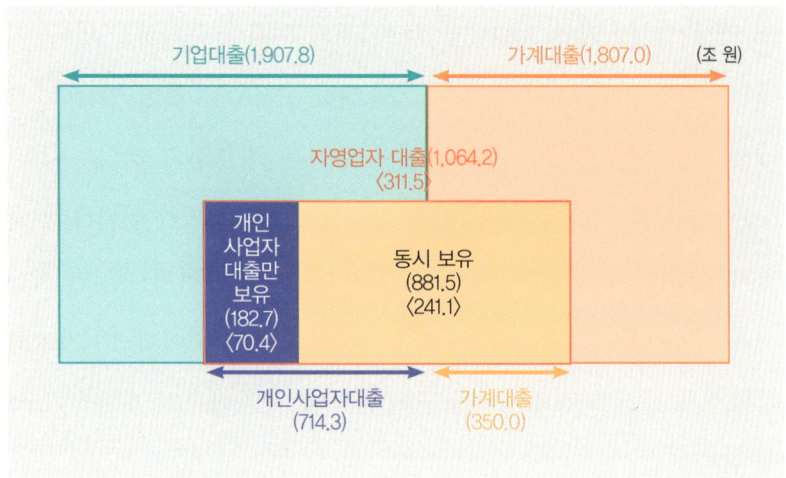

자료: 한국은행

채무를 변제하지 못할 때 일어나고, 기업 부도가 만기가 도래한 채무를 상환하지 못할 때 일어나듯, 자영업 폐업은 흔히 매출액으로 원금과 이자를 채 갚지 못할 때 일어난다. 실제로 임금근로자보다 자영업자의 연체율이 절대적으로 높고, 부채 상환 능력이 떨어지는 취약차주[1] 비중도 그러하다. 자영업 창업과 폐업이 과다한 경제구조는 부채 문제가 가중되고, 금융 부실로까지 이어질 것이다.

---

[1] 다중 채무자(3개 이상의 대출이 있는자)이면서, 저소득계층 혹은 저신용등급에 해당하는 자를 뜻한다.

자영업 생태계 전환

자영업의 건전한 생태계를 조성해야 한다. 악순환의 고리에서 벗어나야 한다. 이는 시급히 처리해야 할 현실 문제이자, 한국 경제의 구조적 국정 운영 과제여야 한다. 선택지가 없어 차선책으로 뛰어드는 비자발적 창업이 아니라, 충분한 경험과 노하우를 갖춘 준비된 창업 및 자발적 창업이 이루어지도록 유도해야 한다. 중소벤처기업부 산하의 국가기관 혹은 지자체들은 교육과 훈련 체계에 이를 반영해야 한다.

또한 폐업자 활로를 마련해야 한다. 중산층이 창업과 폐업을 경험한 후 취약계층으로 전락하는 경우가 빈번하게 발생하고 있다. 재기할 수 있는 안전판을 마련해야 국가가 한다. 먼저, 재취업을 희망하는 경우 재취업의 기회를 제공할 필요가 있다. 인력의 부족함을 호소하고 있는 중소·중견기업들도 상당하다. 인력 수요가 있는 중소기업들과 재취업을 희망하는 취업 희망자들을 연결해주는 매칭 시스템을 구축해야 한다. 재창업을 희망할 경우에는 국가가 폐업의 원인을 분석하고, 유망한 업종을 추천해주며, 주요 노하우와 역량을 갖출 수 있도록 컨설팅 서비스를 제공할 수 있다. 폐업 이후의 삶에 대한 정책적 고민이 요구되는 시점이다.

자영업자와 창업을 고려하는 잠재적 창업자들은 스스로 악순환의 고리에서 빠져나와야 한다. 그러기 위해서는 첫째로 과밀 업종을 피해야 한다. 인근에서 흔히 보이는 업종으로 창업을 시도하는 경향이 있는데, 이는 자영업 과밀화를 스스로 유도하는 격이다. 1인당 매출액이 줄어들게 만든다. 오히려 "이 지역에 꼭 필요한데 왜 아직도 없지?" 하는 업종을 찾아야 한다. 둘째, 준비된 창업이 필요하다. 경험 없이 창업하는 것은 실패를 가정하고 창업하는 것과 같다. 관심 있는 업종이 있다면 곧바로 창업하기보다 해당 업종에 취업하여 경험을 갖추는 것이 시행착오를 줄일 수 있다. 셋째, 과다한 부채에 의존하지 않아야 한다. 소형 사업장에서 시작해 큰 사업채로 확장할 고민을 해야 한다. 폐업은 과다한 부채를 짊어지다가 이를 상환하지 못할 때 하게 됨을 기억해야 한다.

한국은행의
통화정책 딜레마

06

'물뿌리개'는 걱정이 없지만, '비'는 걱정이 이만저만이 아니다. 물이 부족한 마른 화분과 물이 넘치는 젖은 화분이 있다고 하자. 물뿌리개를 이용한다면 마른 화분에만 물을 주면 되

마른 화분   젖은 화분

겠지만, 비를 내려준다고 가정하면 딜레마에 빠진다. 비는 내릴지 말지만을 결정할 뿐, 마른 화분에만 줄 수는 없는 것이다.

통화정책은 '비'와 같다. 특정 영역과 특정 주체를 고려하면 금리인하가 필요하고, 반대의 경우 금리인상이 필요할지 모른다. 그러나 비처럼 금리인하를 단행할지 말지만을 고려해야 하기 때문에 딜레마에 빠진다. 내수경기 부양을 고려하면 기준금리 인하가 적절해 보이지만, 서울 부동산 안정을 고려하면 기준금리 인상이 적절하다. 대출에 많이 의존해서 자가를 점유하는 가계는 금리인하를 원하고(대출금리 하락 및 집값 상승 선호), 미래에 내 집 마련의 꿈을 꾸고 임차해서 거주하는 가계는 금리인상을 원한다(저축금리 상승 및 집값 하락 선호). 한국은행이 중립금리를 약 2.0% 수준으로 상정하고 있다고 판단해볼 때, 2025년 하반기부터 2026년에 이르기까지 추가 금리인하의 여정이 진행되겠다. 하지만 그 여정이 순탄치 않고, 딜레마에 빠지는 순간들이 종종 찾아올 것이다.

통화정책 기조의 변화

이제 다른 시대가 시작되었다. 인구학자라면 인구구조의 변화를 기준으로 시대를 정의할 것이고, 과학자라면 기술의 패러다임 변화를 중심으로 AI 시대 등으로 이 시대를 이름 지을 것이다. 지정학자라면 신냉전 시대라 명명할 법할 것이고, 정치학자라면 혼돈의 시대라 구분 지을 법하다.

'피벗의 시대'가 왔다. 2024년 하반기부터 경제학적 관점에서 다른 시대가 온 것임에는 틀림이 없다. 필자는『피벗의 시대 2025년 경제전망』를 통해 시대적 변화 국면을 명확히 읽어나가야 함을 강조하며, 2024년 하반기부터 2026년까지를 피벗의 시대로 정의한 바 있다. 피벗^{Pivot}은 '방향 전환'을 뜻하는 용어다. 기준금리를 인상하는 긴축적 통화정책 기조에서 기준금리를 인하하는 완화적 통화정책 기조로의 전환(혹은 그 반대)을 피벗이라고 한다. 미국은 2024년 9월, 4년 반 만의 기준금리 인하를 단행했고, 현재 5.5%에서 4.5%로 피벗이 진행 중에 있다. 유로존, 영국, 캐나다, 스위스, 스웨덴 등 주요국들도 이미 미국보다 먼저 피벗을 시작했고, 스위스(1.75%→0.0%), 스웨덴(4.0%→2.0%), 유로존(4.5%→2.15%)은 금리인하에 매우 적극적인 행보를 보여왔다. 1부의「02 유동성 파티와 유동성 함정 사이」편을 통해서 더욱 구체적으로 확인할 수 있다. 한국은행도 2024년 10월 11일 기준금리 인하를 단행하여, 현재 3.5%에서 2.5%로 피벗의 여정에 있다.

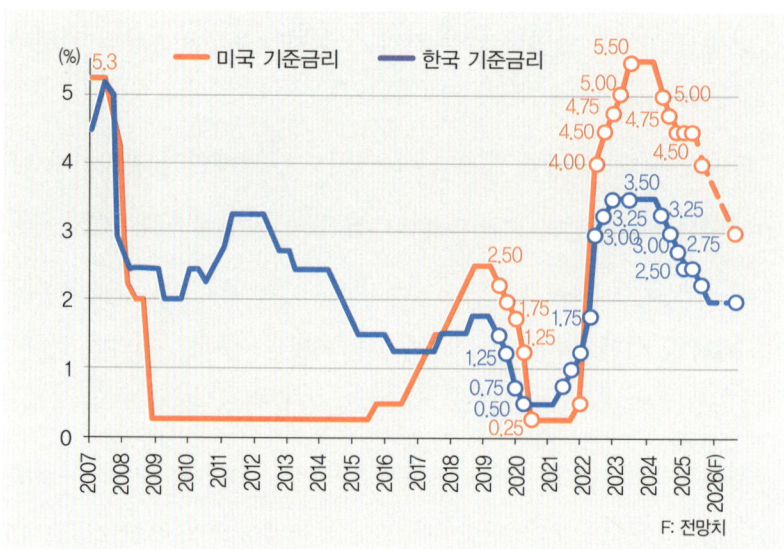

한국과 미국의 기준금리 추이 및 향후 기조

자료: 한국은행, Fed(점선으로 표시한 통화정책 기조는 미국의 중립금리 3.0%, 한국의 중립금리 2.0%를 기준으로 추세선을 제시)

딜레마에 빠진 한국은행

한국은행은 세 가지 목적을 가지고 있다. 물가 안정, 경기 안정, 금융 안정이다. 이 세 가지 책무를 중심으로 한국은행의 통화정책 기조 전환이 당위적인지 평가해보고, 기준금리 인하에 따라 어떤 부작용이 있는지를 진단하며, 향후 기준금리 경로를 전망해보고자 한다.

첫째, 한국은행은 물가 안정을 위해 존재한다. 한국은행법 1조 1항은 "이 법은 한국은행을 설립하고 효율적인 통화신용정책의 수립과 집행을 통하여 물가 안정을 도모함으로써 국민경제의 건전한 발전에 이바지함을 목적으로 한다"라고 규정하고 있다. 한국은행의 가장 중요한 정책 목표가 물가 안정임을 분명히 밝힌 것이다. 2025년 7월 소비자물가상승률 2.1%, 근원물가상승률 2.0%로 목표물가 2%에 진입한 상황이다. 2022년 물가상승률이 6.3%로 치솟으면서, 금리인상을 적극적으로 단행했다면, 이제 2% 수준으로 내려오는 과정에서 높은 금리를 유지할 필요가 없어진 것이다.

이제 인플레이션이 걱정되는게 아니라 디플레이션이 우려되는 상황으로 급반전되었다. 한국은행은 2025년과 2026년 소비자물가상승률이 각각 1.9%, 1.8%를 기록할 것으로 전망하고 있다(2025년 5월 기준 전망). 소비자물가상승률이 목표치를 밑도는 '저물가 시대'에 살고 있다. 목적지를 향해 달리다가 목적지를 지나쳐버릴 우려가 있는 격이다. 물론 서민의 체감물가와는 심각한 괴리가 느껴지는 일이라는 것도 잘 알고 있지만, 이는 아래에 별도의 박스에서 다루기로 한다. 디플레이션을 수용할 수는 없는 일이다. 잃어버린 30년을 경험한 일본을 따라갈 수는 없지 않은가? 따라서 물가 안정을 고려한다면 기준금리 추가 인하가 적절하다고 판단된다.

한국의 소비자물가상승률 추이

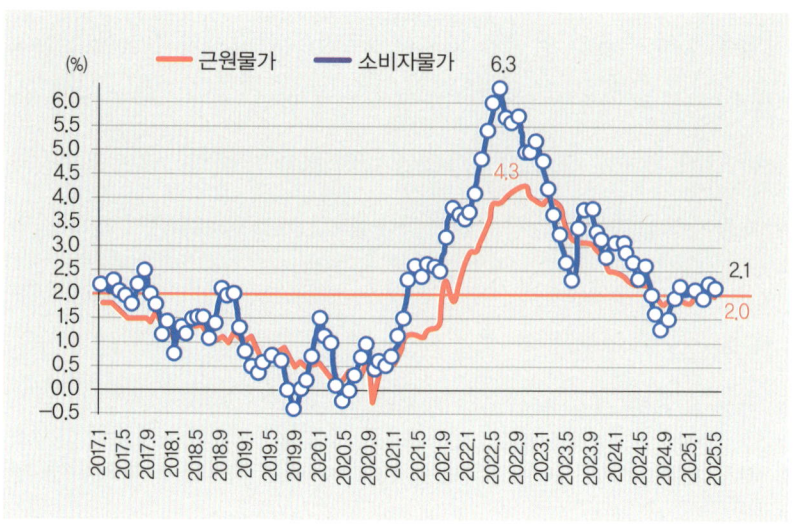

자료 : 통계청

체감물가와 지표물가가 다른 이유

"물가상승률이 몇 %일까요?"라는 질문에, 많은 사람들이 "20%?" "30%?" "40%?"라고 자신 없는 대답을 하곤 한다. 많은 사람들이 체감하는 물가수준이 그렇다는 것이다. 이러한 숫자와는 다르게, 소비자물가상승률은 2% 수준에 머무르고 있다.

물가와 물가상승률은 다르다. 해당 통계를 기록한 이래로, 물가가 전년보다 떨어진 적은 단 한 번도 없었다. 즉 물가는 매년 오르기만 했다. 물가

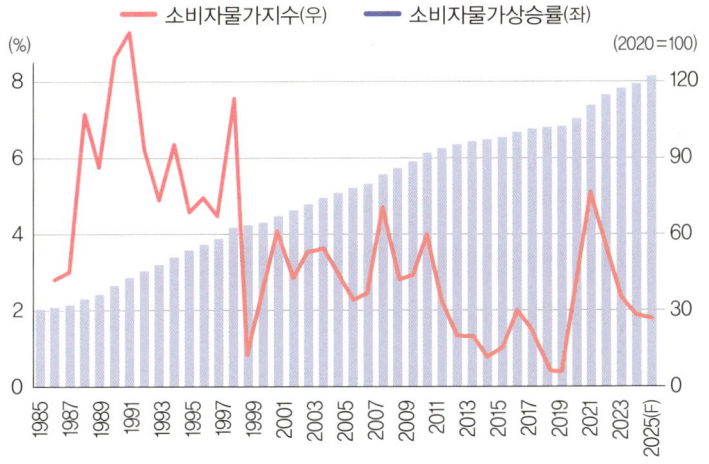

한국의 장기 소비자물가 추이

자료 : 통계청, 한국은행

상승률이 떨어진다는 것이지, 물가가 떨어지는 것이 아니다. 물가상승률이 떨어지는 것과 물가가 떨어지는 것은 엄연히 다르다. 사과 한 개의 가격이 만약 2024년 100원, 2025년 200원, 2026년 300원으로 오른다고 가정해보자. 사과 가격은 매년 올랐지만 상승률은 2025년 100%에서 2026년 50%로 떨어진다. 즉 상승률이 떨어져도 가격은 같은 폭으로 올랐음을 이해해볼 수 있다. 중앙은행은 물가상승률을 기준으로 물가 관리하는 것이지만, 일반 가계는 물가를 기준으로 체감하는 것이다.

체감하는 물가와 소비자물가지수가 다르다. 소비자물가 조사는 조사대상 458개 품목의 가격변동을 종합하여 가중평균하여 계산한다. 서민들이 체감하는 물가는 458개 품목의 평균치인 소비자물가지수가 아니라, 식탁에 자주 오르는 식료품들의 물가, 즉 식탁물가 인 것이다. 실제로 채소, 과실, 축수산물과 같은 농·축·수산물 가격은 최근 6개월간 높게는 23.1%까지 오른 품목도 있다.

특히 저소득층에게는 식탁물가의 상승이 유독 더 크게 체감된다. 왜냐하면 저소득층의 경우 소비지출 총액에서 식료품비가 차지하는 비중이 높기 때문이다. 이것을 엥겔지수$^{Engel\ coefficient}$라고 한다. 저소득층에 해당하는 1분위 가구는 소비지출 총액에서 20.4%를 식료품 지출에 쓴다. 반면, 고소득층에 해당하는 5분위 가구의 엥겔지수는 12.4%이다. 저소득층은 생활비 중 절대적으로 큰 비중을 식료품 소비지출에 사용하고 있고, 고소득층은 그 밖의 오락, 문화, 교육 등의 영역에 소비지출 하고 있다. 결국 식탁물가가 상승하면 저소득층에게는 더 치명적일 수 있다.

한국은행의 두 번째 목적은 경기 안정에 있다. 한국 경제의 내수 경기는 심각한 상황에 놓여 있다. 사실 이 부분은 전문가가 아니어도 모두가 공감하는 영역이다. 2부의 「01 1% 성장의 늪」과 「05 자영업 폐업 100만 시대」 등에서 현재 한국 경제가 어떠한 흐름인지 상세히 다루었다. 소매판매액지수 증감률이 4년째 마이너스를 기록 중이다. 2022년 -0.3%, 2023년 -1.4%, 2024년 -2.2%, 2025년(2분기 기준)

-0.2%를 기록했다. 내수경기 침체의 골이 깊어져가고 있다. 2025년 하반기 들어서 소비 쿠폰과 2, 3차 추경 편성 등의 확장 재정으로 '소비 진작 효과'가 나타나고 있지만, 구조적으로 고성장세로 전환되는 것은 아니다. 한국 경제성장률이 2025년 0.8% 수준을 기록할 것으로 전망되고, 트럼프식 극단적 보호무역주의는 대내외 경제를 더욱 어렵게 만들 것으로 보인다. 대미 관세율이 상승해 수출 문턱이 올라가고, 대미 투자 증가로 국내 투자가 줄어들 것이다. 이러한 현상은 국내 제조업 가동률이 줄고, 신규 투자가 위축되며, 신규 고용 감소로 이어질 것으로 전망한다. 내외수 동반 부진의 한국 경제는 어디로 가는 것일까? 내수경기 부양을 위해 기준금리를 인하해야 하는 막다른 골목에 놓여 있는 상황이다.

한국은행의 세 번째 목적은 금융 안정이다. 기준금리를 인하했을 때 나타날 부작용으로 가장 많이 거론되고 있는 것이 가계부채와 부동산이다. 앞서 거론한 두 가지 책무를 위해서 금리를 인하한다고 하지만, 가계부채의 규모가 증가하고 주택가격 상승을 자극할 우려가 있다. 실제로 한국은행은 2024년 9월 『금융 안정 상황』을 통해 "대출금리가 0.25%p 하락하면 1년 후 전국 주택가격 상승률이 0.43%p 오르고, 서울의 주택가격 상승률은 0.83%p 오른다"라고 분석했다. 특히, 2025년 하반기에는 주택가격이 오른다기보다 아파트 가격이 오르고, 전국 아파트 가격이 오른다기보다 서울 아파트 가격이 오르고 있다. 이에 정부는 6·27 대책을 발표해 서울 부동산으로 돈이 쏠리지

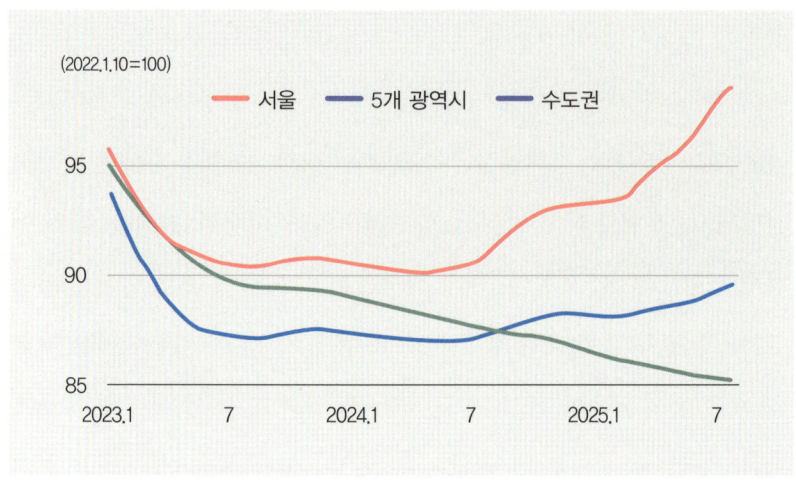

자료 : KB국민은행

않도록 하고, 이어 전세대출을 차단함으로써 이른바 '갭투자'를 막기 위한 정책들을 가동하고 있다. 기준금리 인하에 따른 부작용을 해소하는 정책들이 제시되고 있기 때문에, 부작용을 우려해 금리인하를 더 이상 미룰 수는 없는 상황이라고 판단된다.

2026년
통화정책 기조와 대응전략

한국은행의 통화정책은 물가 안정을 도모함으로써 국민경제의 건전한 발전에 이바지해야 한다. 한국은행법 1조 1항에 기초해 정책 제언을 한다. 가계부채와 부동산에 관한 금융 안정에 관한 사항은 금융위원회의 금융정책과 국토교통부의 부동산 정책에 맡겨야 한다. 물가상승률이 2% 밑으로 떨어져 디플레이션이 우려되는 경제 국면에 놓이게 될 것이다. 2018년~2020년에도 '한국 경제, 디플레이션에 빠지는가?'를 놓고 고민했던 바 있다. 팬데믹 이후 경제 상황이 우당탕했지만, 구조적으로 한국 경제는 저성장·저물가 기조에 놓이게 되며, 다시 디플레이션의 늪에 빠지지 않도록 고민해야 하는 시점이다. 물가상승률과 경제성장률을 고려하면 지금의 기준금리는 제약적인, 즉 경제주체에게 부담이 되는 수준이라고 평가가 내려진다. 2026년 한국은행은 1.75%~2.0% 수준의 기준금리를 운영할 것으로 전망한다.

재정당국은 통화당국의 딜레마를 해결해야 한다. 정부는 금융 불안의 과제를 해소하는 데 적절한 대책들을 마련함으로써, 중앙은행의 고민을 덜어줄 필요가 있다. 통화정책을 결정하는 중앙은행이 결정할 수단은 하나지만 파급 영향은 어마어마하다. 반대로 재정정책을 결정하는 정부는 정책 수단이 어마어마하게 다양하지 않은가? 더욱이 통화정책 기조가 물가 안정과 경기 안정을 우선적으로 고려해 방향성을 정해 나아가고, 금융 불안 등의 부작용을 최소화하기 위해 재정정책의 공조가 뒷받침될 필요가 있지 않은가?

시계는 피벗의 시대를 가리켰다. 금융정책은 총량적으로도 가계부채 규모가 과도한 속도로 증가하지 않도록 조절하는 노력이 필요하지만, 더욱 중요한 것은 가계부채의 질적 악화를 관리하는 것이다. 연체하고 있는 취약차주의 상환 능력을 보존하고, 제2금융권의 부실채권을 감소시키는 노력에 집중할 필요가 있다. 국토교통부의 부동산 정책은 실효성 있는 주택 공급 대책을 통해 주거 안정을 도모함으로써 금리인하 시기에 나타날 부작용을 최소화하는 데 온 노력을 다해야 한다. 통화정책은 피벗의 시대를 향하고, 재정정책은 이 시대에 대응해야 한다.

투자자 관점에서는 '돈의 이동'을 주목해야 한다. 2026년 유동성 공급이 이어질 것이다. 다만 그 유동성이 어디로 집중될지 판단할 필요가 있다. 유동성 장세의 가장 대표적인 사례가 2020년~2021년이었다. 팬데믹 경제위기 상황으로 실물경제가 좋을 리 만무했다. 그러나 자산시장과 자본시장에서는 역사적인 강세장이 나타났다. 실물경제와 자산시장이 따로 움직였던 것이다. 물론, 2026년 유동성의 강도가 2020년만큼 강할 것으로 판단하지는 않는다. 그러나 2022년부터 2025년까지의 기간에 비하면 시장으로 돈의 이동이 강해질 것으로 보인다. 다만 이재명 정부에서는 부동산으로의 돈의 이동을 막고, 주식시장으로 돈을 유도하는 정책들이 집중될 것이기 때문에 돈이 어디를 향할 것인지를 판단하는 것이 중요하다. 본서의 다른 챕터들을 통해 판단할 수 있다고 생각한다.

분절의 정치, 분절의 경제

07

"주문, 피청구인 대통령 윤석열을 파면한다." 2025년 4월 4일 오전 11시 22분, 헌법재판소의 탄핵 심판 선고가 내려졌다. 때는 2024년 12월로 향한다. 혼돈의 바람이 불어닥쳤다. 45년 만의 비상계엄 사태는 온 국민을 불안으로 내몰았다. 2024년 12월 3일 밤에 내려진 비상계엄령과 2시간 만에 내려진 비상계엄 해제 조치라는 일련의 긴박한 일들이 역사로 남겠지만, 국민의 마음엔 상처로 남을 것이다.

정치가 국민을 걱정해야 하는데 도리어 국민이 정치를 걱정하고 있다. 미국은 '더 위대하게'를 외치는데, 한국은 '더 위험하게' 내몰리고 있다. '트럼프 2.0'이라는 거대한 소용돌이가 밀려왔는데, 대한

민국이라는 배는 어떻게 하면 소용돌이를 잘 우회할지 고민할 겨를도 없이 스스로 난파하는 듯한 모습이다. 2025년 6월 4일, 이재명 후보가 제21대 대통령으로 당선되었다. 49.42%를 득표했다. 정치적 불확실성은 해소되었겠지만, 분절화된 정치판은 통합되기 어려워 보인다. 진흙탕 같은 정치권 싸움은 국민을 둘로 분절화한다. 구조적으로 '분절의 경제'에 진입한 모습이다. 정치적 리스크가 한국 경제에 어떤 파장을 가져다주는지 진단해보고, 추가적인 위험이 전이되지 않도록 대응책을 강구해야 할 때다.

원화 가치의 하락

한 나라의 통화가치는 물건을 구매하는 사용가치 그 이상을 의미한다. 비상계엄을 선언한 이후 원화 가치는 급락하기 시작하여, 2024년 12월 말일 종가 기준으로 1,470원을 기록했다. 글로벌 금융위기의 여파로 원달러 환율이 급등했던 2009년 2월 이래, 약 15년 만에 벌어진 이례적인 모습이었다. 마치 전쟁이 발생할 때처럼 원화 가치가 급락한 것이다. 2022년 러시아가 우크라이나를 침공했을 때도 러시아 루블화 가치가 급락하자, 세계 금융시장은 안전자산인 달러화를 쟁취하기 위해 내달린 바 있다.

정치적 불안이 장기화함에 따라 원화는 평가절하되고, 달러 보유 성향은 강해질 수밖에 없다. 트럼프 행정부가 약달러환경으로 유도하고 있고(1부의 「04 제2의 플라자 합의」 편을 통해 구체적인 내용을 확인할 수 있다), 원화 가치가 동반하여 떨어지기 때문에 1,200원 밑으로 떨어지기는 쉽지 않을 것으로 전망된다. 즉 1,400원대에서 1,300원대로의 '달러 약세화'는 전개될 수 있지만, 약달러로의 전환은 어려울 것으로 판단된다. 원화 가치가 약해짐에 따라 물가를 자극하고, 내수경기 부진에 대응하기 위해 기준금리를 인하하는 등의 통화정책 의사 결정에 걸림돌이 된다. 외국인 자금 유출과 외환 건전성 약화 등에 대한 우려도 경제를 혼란스럽게 만든다.

원달러 환율 및 국제 금 가격 추이

자료: 한국은행, Bloomberg(월별 말일 종가 기준)

한국 주식을 떠나는 외국인

주식 가치는 기업의 성과에 대한 기대를 뜻한다. 정치적 혼란은 기업의 성과에 대한 기대를 저버리게 만든다. 비상계엄령 폭풍이 증권시장에도 불었고, 외국인은 주식을 내던지고 급속히 빠져나갔다. 외국인은 비상계엄이 선언된 다음 날(4일) 4천억 원, 그다음 날(5일)에도 3천억 원 넘게 순매도했다. 한국 주식시장은 2024년에 유독 조정을 많이 받았고 외국인의 순매도 기조가 강하게 이어졌는데, 정치적 대치 상태가 장기화할수록 다시 돌아오기는 쉽지 않아 보인다. 2025년 상반기까지의 상장주식 회전율이 가장 낮은 상황이었다. 더 구체적인 내용은 2부의 「01 이재노믹스를 향한 기대와 우려」편을 확인해보길 바란다. 코스피 5,000 시대를 만드는 데 가장 큰 제약 요건이 '분절의 정치'가 될 수 있다.

주식시장이 조정뿐만 아니라 질적으로도 후퇴했음을 지적하지 않을 수 없다. 코스피와 코스닥 시장이 조정받는 사이, 정치 테마주 투기 움직임으로 개인의 매수세가 뒷받침된 것도 주식시장을 긍정적으로 평가할 수 없게 만든다. 금융위원회와 한국은행이 긴급하게 금융안정화 조치로 대응해서 그 여파가 덜했을 뿐이지, 한국의 주식시장은 출렁였다. 한국은행이 파국을 막기 위해 진행한 비정례 환매조건부채권(RP) 매입 규모가 하루 10조 원을 넘어섰고, 금융위원회도 증시안정펀드, 채권시장안정펀드 등으로 유동성을 퍼부었다. 혼돈의 정치가 장기화할 경우 더 큰 규모의 유동성이 투입될 것이다. 쓰지 않아도 될 유동성이 쓰여졌다는 면에서도 탄식할 일이지만, 유동성을 퍼부어도 금융시장이 불안정할 경우 대응수단마저 사라지게 되는 유동성 함정에 빠질까 두렵기도 하다.

바닥에 떨어진 국가 신인도, 신용등급 강등될까?

한강의 기적을 일궈온 국가의 경제적·정치적 위상이 한순간에 무너져 내렸다. 세계 모든 국가의 주요 언론 1면에 한국의 비상계엄 사태가 다뤄졌다. 뉴욕타임스NYT는 "윤 대통령, 야당과 거의 지속적으로 정치적인 대치 상태"라고 보도했다. 이에 한국과 군사·안보 동맹국인 미국의 바이든 전 대통령은 "(사전에) 보고받지 못했다"고 전했다. 영국 외무부 등 세계 주요국들이 한국 여행 경보를 발령했고, 주한 대사관들은 자국민 보호조치를 내렸다. "이게 과연 21세기 대한민국에서 벌어질 만한 일인가?" 하며 전 세계 70억 인구가 놀랐다. 그리고 부끄러움은 우리 국민의 것이 되었다.

그렇다면 비상계엄으로 인해 대한민국의 국가 신용등급이 강등될까? S&P와 무디스는 현재로서는 실질적 영향이 없다고 평가했으나,

분절의 정치가 장기화한다면 신용도에 부정적일 것이라고 밝혔다. 정치적 분절은 국민의 분절을 만든다. 이재명 정부의 경제성장 정책, 경기부양책 및 분배 정책 들에 국민의 반은 동의하고 반은 공감하지 않는 모습이다. 정치적 분쟁이 격화하고 입법 의사 결정이 지연됨에 따라 극단적인 경우 국가 신용등급이 강등될 수도 있다. 외국인 입장에서도 한국을 투자 적격한 국가가 아니라고 판단하게 된다. 한국 유가증권시장으로의 자금 유입이 이루어지지 않고, 원화 가치는 더 하락할 수 있다.

사상 초유의 예산안 지연

2025년 상반기 국회가 멈춰 섰다. 탄핵정국하에 다른 사안을 논의할 수 없는 시점이다. 엎친 데 덮친 격이라 할까? 2025년 예산안 국회 심의도 최장기간 지연되었다. 헌법 제54조 제2항에 따르면 회계연도 개시 30일 전까지, 즉 12월 2일까지 예산안 심의·확정 및 이송해야 한다. 매년 예산안 국회 심의가 지연되었다고 하지만 2025년은 특히 심각했다. 2026년 예산안 처리도 우려되는 상황이다.

예산 확정이 지연되면 중앙관서별 예산의 배정과 집행이 지연될 수밖에 없다. 물론, 연말까지 예산이 확정되지 않는다 하더라도 우려할 만한 초유의 사태에 놓이지는 않는다. 준예산 제도가 있기 때문이다. 즉 예산이 성립되지 못할 경우, 정부 기능의 연속성을 유지하기 위해 전년도 예산에 준하여 공공서비스를 제공할 수 있도록 되어 있다. 그러나 경기부양책이나 트럼프 2.0 시대에 대응하기 위한 공급망 및 통상 정책 등과 같은 2026년 새롭게 추진을 계획하는 사업이나 정책 과제 들을 착수하지 못할 수 있다. 예산 심의 지연을 떠나서도 고위 공직자들의 공백과 정치적 혼란은 대내외 리스크에 대한 상시 대응능력을 약화시킬 우려가 있다.

심각한 경기침체에서 벗어날 수 있을까?

문제는 한국 경제의 체력이 이미 떨어질 대로 떨어진 상황이라는 점이다. 비상계엄 사태 이전부터 이미 국내외 주요 기관들은 2025년 한국 경제성장률을 하향 조정해왔다. 한국은행이 2025년 경제성장률 전망치를 기존의 2.2%에서 0.8%로 하향 조정한 이후, 비상계엄 사태와 탄핵정국이 가져올 실물경제적 영향을 반영하여 세계 주요 투자은행IB; Investment Bank들은 속속들이 2025년 성장률을 하향 조정했다. 2024년 12월 이후 세계 주요 기관들은 2025년 한국 경제성장률을 0%대~1% 수준으로 전망했다. 비상계언 선언과 탄핵정국이 가져다준 일시적 조정일 수 있지만, 정치적 분절화가 장기화할수록 2026년과 그 이후의 경제성장에도 부정적일 것이다.

해외여행객들의 발길이 끊기고, 정부와 기업들의 연말·연초 축제성 행사가 축소될 수 있다. 크리스마스 시즌의 거리에 캐럴이 덜 울릴 것이고, 트리 장식과 불빛도 예전 같지 않을 것이다. 연말 특수를 노리고 바겐세일 이벤트를 준비했던 유통사들은 조용한 연말을 준비하게 된다. 국내외 투자 자금을 유치해왔던 투자 운용사들은 국내 유망 기업에 투자할 기회를 피력해왔지만 투자자들을 설득하기 어려워진다. 가계의 소비심리가 위축되고, 기업의 투자심리도 위축된다.

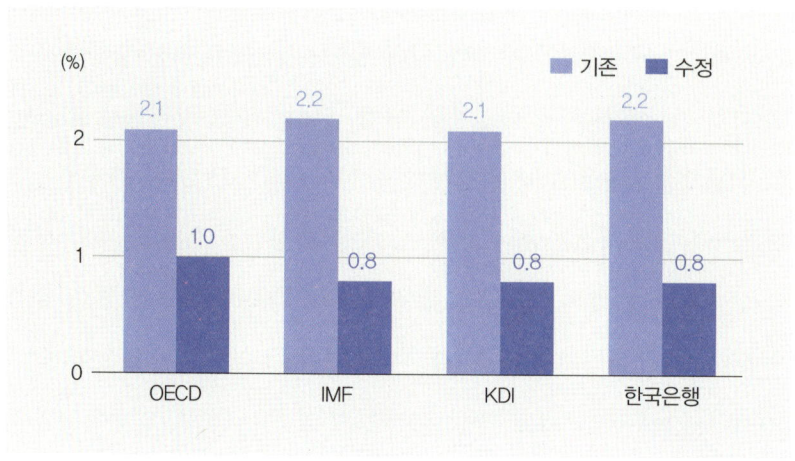

주요 기관의 2025년 경제성장률 전망치 조정

자료: 각 기관

분절의 경제,
시스템적 대응

분절의 정치가 분절의 경제를 불러온다. 정치적 리스크가 경제에 미치는 파장을 최소화할 필요가 있다. 정치 공백과 정책 공백을 최소화해야 한다. 정치가 흔들릴지라도 가계·기업·정부 3대 경제주체가 각자의 자리에서 역할을 충실히 이행할 수 있도록 환경을 마련해야 한다. 시스템적으로 경제가 운용될 수 있도록 각 조직과 부문의 리더들은 흔들리지 않아야 한다.

이제 거대한 물음표가 놓였다. 분절화된 정치가 어떻게 전개될지 아무도 알 수 없다. 경제학에서는 물음표를 불확실성이라고 표현한다. 시장이 가장 싫어하는 것이 바로 불확실성이다. 외환시장이나 주식시장에서 변동성이 심화할 수 있다. 채권시장이 불안해지면 기업들의 자금 조달이 어려워지고, 실물경제에도 상당한 부담을 줄 것이다. 금융·통화 정책은 이러한 불확실성을 최소화하는 데 총력을 다해야 한다. 주요 기축통화국들과 통화 스와프를 마련하거나, 유동성 공급책을 사전에 준비해야 할 것이다. 한국의 외환 및 금융 시스템이 정상적으로 운용되고 관리되고 있음을 대내외적으로 알리는 노력도 필요하다.

마지막으로, 대외적 몰아닥치고 있는 소용돌이를 우회하는 노력도 뒤로 미룰 수 없다. 2026년 트럼프 행정부는 더 강한 무역 전쟁을 예고하고 있다. 미중의 무역 갈등은 어디로 튈지 가늠조차 할 수 없다. 지정학적으로도 긴장감이 고조되는 국면이다. 세계 여러 지역에 걸쳐 총성이 멈추지 않을 것으로 우려된다. 세계 주요국들은 국방비를 상향하고, 무기 체계를 강화하고 있다. 미국은 중국에 반도체 공급을 멈추라고 요구한다. 미중 간의 군사적 긴장감은 중국의 경제 보복으로 이어질 수 있다. 반도체를 제공하지 않는 나라에 요소 공급을 차단하는 수준에만 머무를까? 반도체, 자동차, IT 기기 등에 들어가는 리튬, 니켈, 게르마늄 등 핵심 소재들을 중국에 전적으로 의존하고 있는 상황 아닌가? 공급망 안정화를 꾀하고, 사전에 대응전략들을 강구해야 한다. 정치가 흔들려도 경제가 흔들리지 않아야 한다. 시스템적 대응이 필요하다.

2026년
부동산 시장 전망

08

'집'이라는 한 글자에 오천만의 다른 감정들이 담겨 있다. 어린 시절 '집'은 나의 선호에 맞게 선택하는 것인 줄 알았지만, 어른이 되어 알게 된 '집'은 나의 조건에 맞추어 선택하는 것이었다. 부모님이 일궈내신 우리 '집'엔 투정이 가득했을지 모르지만, 어른이 되어 마련해야 할 우리 '집'엔 고민이 가득하다.

누군가에게 '집'은 온정이요, 누군가에 '집'은 일생이다. 누군가에게 '집'은 평생을 모아도 가질 수 없는 그림의 떡이요, 누군가에게는 젊은 날을 바쳐 일궈온 '전 재산'이다. 누군가는 집값 좀 내려가서 내 집 마련의 기회를 얻고자 희망하고, 누군가는 집값이 좀 올라서 살림살이가 나아지기를 희망한다.

집값에는 감정이 투영되어 있다. 집을 가진 자와 그렇지 않은 자의 이해관계가 첨예하게 갈려 있기 때문이다. 감정이 투영되어 있다는 말은 '올랐으면' 혹은 '내렸으면' 하는 희망을 잠재적으로 가지고 있다는 뜻이다. 그러나 부동산 시장을 객관적으로 진단하고, 적절한 의사 결정을 내리기 위해서는 희망을 내려놓고 전망을 해야 한다.

부동산 시장 전망이 왜 중요한가?

집값은 보통의 사람들에게 전 재산을 의미한다. 아니, 전 재산 이상을 의미한다. 대부분의 유주택자가 대출에 의존해 주택을 보유하고 있다는 면에서도 그렇고, 전월세 세입자에게도 집값은 전 재산을 넘어선 규모일 것이다. 내 집 마련을 고려하거나 매도 시점을 정하는 등의 주택 매매에 관한 의사 결정은 그만큼 중대하다. 부동산 시장을 전망하는 것은 전 재산을 지키는 중요한 일이다. 그러므로 부동산 시장을 총체적으로 조망하고, 객관적으로 전망하여 합리적인 판단을 해야 한다.

정부의 부동산 정책이라는 관점에서도 생각해보자. 집값이 오르는 게 좋은 것인가? 떨어지는 게 좋은 것인가? 이상적 가치는 딱히 없다. 즉 집값은 옳고 그름의 것이 아니다. 취해진 입장에 따라 선호의 차이가 있을 뿐이다. 집을 가진 자에겐 오르는 게 좋은 것이고, 못 가진 자에겐 떨어지는 게 좋은 것이다. 수도권 자가보유율이 55.1%라는 점을 고려하면(국토교통부,

「2023년도 주거실태조사」, 2024.12)[1], 집값이 오르든 내리든 반은 웃고, 나머지 반은 웃을 수 없는 게임이다.

취해진 입장에 따라 상승과 하락의 선호는 다를 수 있어도, 부동산 시장이 어떻게 될지를 아는 것은 입장을 불문한다. 집을 많이 가진 자든, 집을 한 채 가진 자든, 집을 못 가진 자든 입장에 상관없이 부동산 시장을 전망하고 적절한 매도 혹은 매수를 판단하는 것은 중요할 수밖에 없다.

그렇다면 부동산 시장은 어떻게 움직일까? 모든 가격을 전망할 때와 마찬가지로, 주택 매매가격을 결정짓는 수요-공급-거시경제-정책적 요인에 걸쳐 움직인다. 거시경제와 부동산 정책은 주택 매매가격에 직접적인 영향을 미치는 요소라기보다 수요와 공급에 영향을 주어 주택 매매가격을 상승 또는 하락시키는 요인으로 작용한다. (통계학에서는 종속변수인 주택 매매가격에 수요와 공급이 매개변수로서, 정책이 독립변수로서 영향을 미치는 구조로 설명한다.)

---

[1] 주택 자가보유율이 전국 60.7%, 수도권 55.1%에 달한다. 국토교통부, 주택정책과, 「2023년도 주거실태조사」 2024년 12월 발표일 기준이다.

부동산 시장을 바라보는 총체적 접근

총체적으로 시장을 보라. 많은 이들의 관심은 '가격'에 있다. 특히 본서는 독자들이 관심 있어 하는 '아파트 매매가격'에 집중하고자 한다. 가격은 한 가지 요인에 의해 정해지지 않는다. 수십 가지 상방 압력과 수십 가지 하방 압력이 서로 힘겨루기를 하듯 힘을 주고받으면서 결정된다. 가격을 결정짓는 요인들을 도식화하면 아래 그림과 같다.

거시경제적 요인들과 정책적 요인들이 부동산 시장에 직접적으로 영향을 미치기도 하고, 부동산 시장의 수요와 공급을 경과해서 간접적으로 영향을 주기도 한다. 모든 가격은 수요와 공급에 의해 결정된

부동산 시장 결정 요인

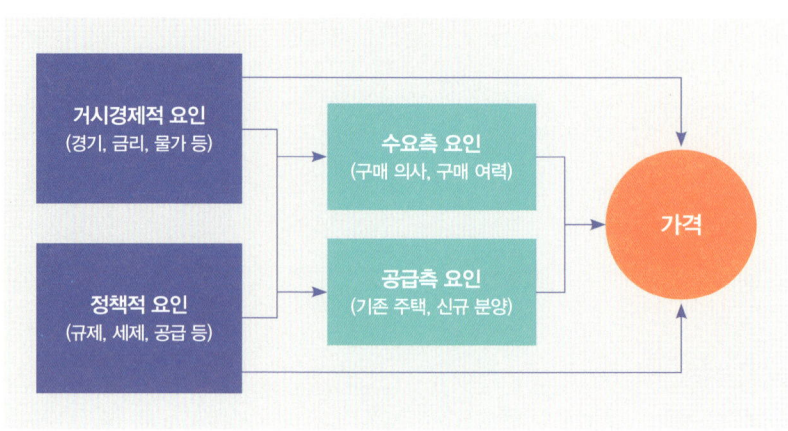

다. 아파트 매매가격도 마찬가지다. 아파트 매매가격에 영향을 미치는 수요측 요인과 공급측 요인을 분석할 필요가 있다. 총체적인 접근을 통해 2026년 부동산 시장을 조망해보자.

거시경제와 부동산 시장

부동산 시장은 거시경제의 일부다. 경제는 수많은 변수로 구성되어 있고, 부동산 시장은 그중 하나의 변수인 것이다. 마치 수십 개의 톱니바퀴로 구성된 기계와 같다. 물가, 금리, 환율, 경기 등과 같은 거시경제 변수들과 주식시장, 채권시장, 외환시장, 부동산 시장 등과 같은 자산시장의 변수들이 서로 연결되어 있다. 부동산 시장이라는 톱니바퀴가 나 홀로 굴러갈 수는 없다.

2020년과 2021년은 완화의 시대로, 집값이 폭등하는 시기였다. 경기가 좋아서 부동산 경기가 활황이었을까? 소득이 늘어서 매수세가 강했을까? 아니다. 집값을 결정짓는 거시경제의 변수는 바로 유동성이다. 2020년 팬데믹 위기가 왔고, 이를 극복하기 위해서 세계적으로 기준금리[2]를 급격히 인하했다. 엄청난 유동성이 시장에 공급되었다.

---

2   금리는 돈의 가치를 뜻한다. 부동산 시장을 전망할 때 수요-공급-정책 측면을 다각적으로

한국뿐만 아니라 세계 거의 모든 나라의 집값이 폭등했다. 그렇게 집값이 많이 올랐다고 생각하는 한국도 OECD 회원국 중 집값 상승률이 낮은 편에 해당할 정도다. 마치 풍선에 바람을 불듯 말이다. 바람을 분다고 풍선이 무거워지는 것이 아니다. 부피만 커질 뿐이다. 자산 버블이 일어났던 시기였다.

2022년부터 2024년 중반은 긴축의 시대였다. 세계 주요 선진국들을 중심으로 제로금리를 벗어나 가파르게 기준금리를 인상하는 시기로, 치솟았던 고물가를 안정화하기 위해 세계 각국이 경쟁하듯 기준금리 인상을 단행했다. 미국은 빅스텝과 자이언트 스텝을 연이어 단행했고, 유로존도 역사상 처음으로 자이언트 스텝을 단행했다. 2024년 중반까지 높은 금리를 유지하며, 경제와 자산 시장을 제약했다. 부동산 시장의 과열이 급속히 해소되고, 자산가치가 떨어지는 시기였다. 마치 부풀어 올랐던 풍선의 바람이 빠지는 모습에 비유할 수 있다.

2024년 중반부터 2026년은 피벗의 시대다. 세계 주요국들은 제약적인 금리에서 점차 벗어나기 시작했다. 물가 안정이라는 목표를 이룬 중앙은행은 다음 목표인 고용 안정(경기 안정) 목표를 위해 점차 기준금리를 인하하는 의사 결정을 내리는 시대다. 긴축의 시대에서 완화의 시대로 전환되는 전환점이지, 완화의 시대에 온전히 온 것은 아

분석해야 하지만 금리는 수요와 공급에 영향을 미치는 선행변수이며, 가격에 직접적인 (역의) 영향을 미치는 요소로서 큰 흐름을 판단하는 가늠자 역할을 한다.

아파트 매매가격상승률과 전세가격상승률 추이

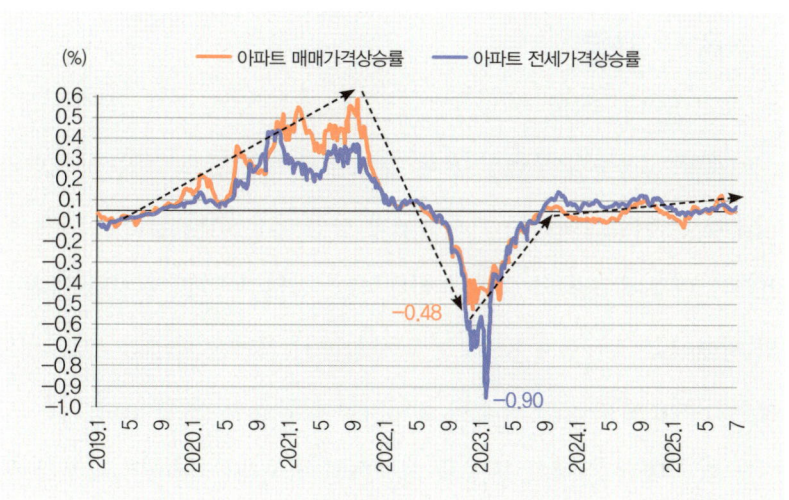

자료: KB국민은행, 주간KB주택가격동향(전주 대비 상승률 기준)

니다. 2020년~2021년 완화의 시대와 같은 집값의 폭등도 아니고, 2022년~2024년 중반까지 긴축의 시대와 같은 집값 조정기도 아니다. 거시경제적으로 2026년 부동산 시장은 강보합세를 유지할 가능성이 높다. 다만, 2025년 신정부에 들어서서 부동산 정책 기조가 크게 변화하면서 시장의 움직임이 일게 될 것이다.

부동산 정책과
부동산 시장

　이재명 신정부의 부동산 정책 방향에 주목할 필요가 있다. 완화의 시대와 긴축의 시대에는 거시경제적 상방 혹은 하방 압력이 크게 작용하기 때문에 정책의 효과가 절대적일 수 없다. 그러나 지금은 피벗의 시대이고 거시경제적으로는 강보합세에 가까운 부동산 시장의 흐름이기 때문에 부동산 정책이 절대적인 영향을 미칠 수 있다.

　2026년 부동산 정책 방향을 가늠하기 위해서는 이재명 정부가 한국 부동산 시장에 대해 어떠한 인식을 갖고 있는지 이해할 필요가 있다. 전국 평균 아파트 매매가격은 강보합세일지 모르지만 서울은 강한 상승세를 지속하고 있고, 비수도권은 장기 하락세를 보이고 있다. 정부는 경제적 기여가 없는 부동산 시장으로 과도하게 많은 돈이 쏠려 있어 생산성 있는 산업으로 돈을 이동시켜야 한다는 문제를 인식하고 있다. 더욱이 서울 아파트 가격이 천정부지로 치솟아 무주택자들에게 상대적 박탈감을 주고 극심한 부의 양극화를 초래하고 있으므로, 서울 부동산 시장을 안정시켜야 한다고 판단하고 있다. 한편, 비수도권의 경우 하락세가 너무 장기간 지속되어 과도하게 많은 미분양 주택이 쌓여 해소되지 않는 등 지역 경제를 악화시키고 있다고 인식하고 있다.

　2026년 부동산 정책은 서울 부동산으로의 돈의 쏠림을 막고, 지방

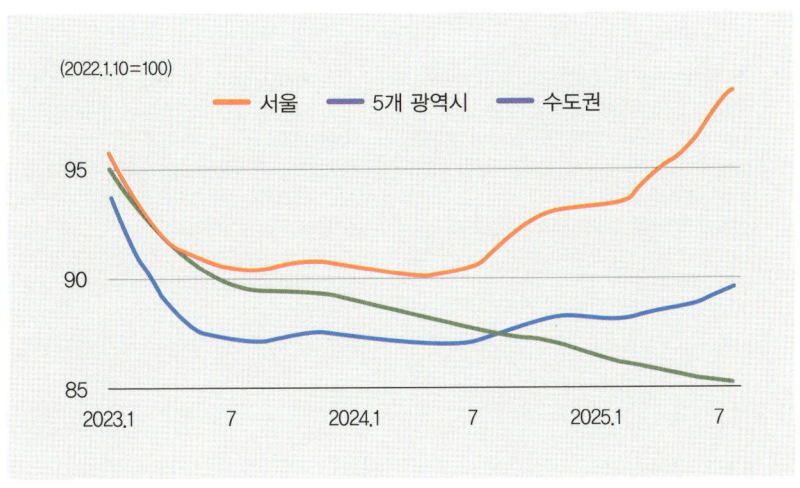

주요 권역별 아파트 매매가격지수 추이

자료 : KB국민은행

부동산으로 돈을 이동케 하자는 명확한 방향성을 띠고 있다. 6·27 대책으로 알려진 '가계부채 관리 강화 방안'이 가장 대표적이다. 정책의 이름은 대출 규제이지만 정책이 목표하는 것은 부동산 규제다. 서울을 중심으로 주택담보대출을 제한함으로써, 아파트 구매 여력을 떨어뜨리고 매수심리를 위축시키는 효과가 나타날 수밖에 없다. 이어서 전세대출 규제도 강화함으로써 이른바 갭투자를 차단하고, 공시가격 현실화율 상향으로 부동산 보유세를 인상하는 효과를 유도할 것이다.

가계부채 관리 강화 방안

주요 규제	시장 반응 및 영향
• **주택담보대출 한도 축소**: 수도권 주택담보대출 한도를 6억 원으로 제한 • **LTV 상한 조정**: 1주택자의 담보인정비율(LTV) 상한을 80%에서 70%로 낮춰 대출 가능 금액을 축소 • **신용대출 규제 강화**: 연소득의 최대 1배까지만 신용대출이 가능하며, 기존 2배 한도에서 축소	• **고가 주택시장 위축**: 서울 강남·서초 등 고가 재건축 단지의 매수세 둔화 및 상승폭 감소 • **중저가 단지 풍선효과**: 외곽 지역의 중저가 아파트는 규제 영향이 적어 수요가 집중되며 상승세 지속 • **거래심리 위축**: 서울 아파트 매매 계약 해제 건수가 급증하며 시장 관망세 확산

자료: 관계부처 합동(2025.6.27.) 「가계부채 관리 강화 방안」

정부는 '부동산 시장 대개조'를 선언하며, 2025년 8월 14일 '지방 중심 건설투자 보강 방안'을 발표했다. 가장 눈길을 끌었던 대책은 '지방 주택 세제 지원 확대'다. 즉 '세컨드 홈 특례 적용 지역'을 확대할 방침이다. 지방 미분양 주택은 주택 수에서 제외함으로써 다주택자 중과세를 완화할 것이다. 이 밖에도 '인구 감소 지역 임대주택 세제 특례' '비수도권 미분양 주택 취득 지원' 'CR리츠 활성화' 'LH·HUG 공공 매입 확대' 등을 골자로 한다. 결과적으로 이러한 부동산 정책은 서울 부동산 시장을 제약하고, 지방 부동산 시장의 추가 하락을 막는 효과가 나타날 것으로 전망된다.

수요측 요인과
부동산 시장

수요측 요인을 분석하기 위해서는 구매 의사와 구매 여력을 보아야 한다. 구매할 마음이 있지만 능력이 없을 수 있고, 반대로 구매할 능력이 있음에도 불구하고 구매하고 싶은 마음이 없을 수도 있다.

먼저 구매 의사를 살펴보자. 2024년 중반부터 주택 매수심리가 반등한 이유는 향후 집값이 상승할 것이라는 믿음 때문이다. 2020년~2021년 동안 집값이 폭등하면서 투자자뿐만 아니라 상대적 박탈감을 느꼈던 세입자들의 매수심리가 급격히 치솟았다가, 2022년 들어

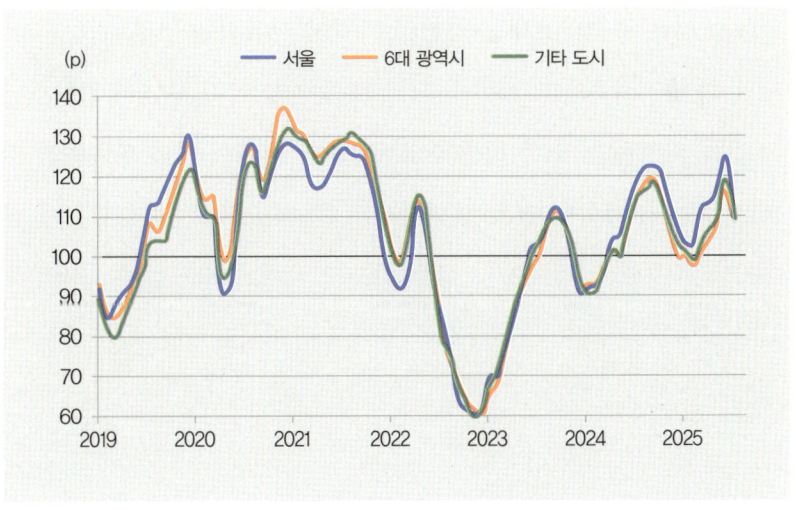

주택가격전망CSI 추이

자료: 한국은행, 소비자동향조사

집값이 조정되고 있다는 뉴스를 접하면서 매도심리가 크게 확대되었다. 당시 가계의 향후 주택가격에 대한 전망을 보여주는 주택가격전망CSI가 통계 작성(2013년 1월) 이래로 최저 수준까지 떨어졌다. 주택가격전망CSI가 바닥을 찍었던 지점이 정확히 시중금리가 정점을 찍었던 지점과도 일치한다. 거시경제 변수들이 톱니바퀴처럼 연동되어 있음을 보여준다. 2025년 1월 들어 주택가격전망CSI[3]는 101을 기록하고 6월에는 120까지 상승했지만, 6·27 대책 발표 이후 다소 관망세로 틀어졌다. 향후 주택가격이 강하게 상승하긴 어려워도 다소 완만한 상승 흐름을 유지할 것이라는 기대감이 구매 의사를 뒷받침해준다고 판단한다.

구매 의사와 함께 구매 여력도 살펴보아야 한다. 금리가 추세적으로 하락한다는 의미는 구매 여력이 커짐을 뜻한다. 시중금리가 하락한다는 것은 주택담보대출 상품의 가격이 떨어짐을 뜻하고, 같은 규모의 대출에 의존한다고 했을 때 상환해야 할 이자 부담이 경감된다는 것을 의미한다. 또한 전세에서 매매로의 전환이 더욱 활발해질 것으로 보인다. 아파트 평균 전세가격은 2023년 8월부터 1년 넘게 상승세를 유지했고, 전세가의 상승 속도가 매매가보다 높게 나타나고 있다. 즉 매매가격과 전세가격의 차이가 좁혀지고 있는 추세이기 때

---

[3] 주택가격전망CSI는 현 시점의 주택가격보다 1년 후의 주택가격이 높다고 생각하면 100을 상회하고, 낮다고 생각하면 100을 하회한다.

PIR(소득대비가격지수)과 HAI(주택구매력지수) 추이

자료: KB국민은행, 월간KB주택가격동향(전국 평균 아파트 매매가격 기준)

문에 전세에서 매매로 전환할 여력이 커졌다고 볼 수 있다.

2022년~2024년 중반까지 부동산 조정 국면이 있었고, 특히 지방의 경우 2025년 하반기까지 조정이 장기화하였기 때문에 비수도권을 중심으로 구매 여력이 확보된 것으로 평가된다. 전국 평균 아파트 가격을 기준으로 보았을 때, 2021년 말~2022년 초에 형성되어 있는 고점 가격 대비 회복되지 않은 상황이다. 구매 여력을 보여주는 대부분의 지표들이 이러한 현상들을 증명한다. 소득대비주택가격^{PIR; Price}

to Income Ratio[4]이 2023년 1월 5.0배에서 2025년 3월 4.4배로 하락했고, 주택구매력지수[HAI; House Affordability Index][5]가 같은 기간 102.5p에서 123.9p로 추세적으로 상승했다.

공급측 요인과 부동산 시장

부동산 시장의 공급 여건을 보자. 보통 신규 주택의 공급 규모를 전망하기 위해 주택건설 인허가실적을 분석한다. 인허가실적은 주택 공급 규모를 결정짓는 선행변수이기 때문이다. 택지 발굴 이후 인허가, 착공, 준공에 이르기까지 상당한 시간이 소요된다. 규모나 종류 등에 따라 다르지만, 인허가만 1~2년, 착공 후 준공까지 2~3년 정도의 시간이 걸린다.『피벗의 시대 2025년 경제전망』에서도 2025년 주택 공급이 부족할 것으로 전망한 바 있다.

신규 주택 공급은 2025년에 이어 2026년까지도 감소할 전망이다.

---

[4] PIR은 가구 소득 대비 주택가격 비율을 뜻한다. PIR이 5배라는 것은 집 한 채를 사기 위해 5년 동안 소득을 모아야 함을 의미한다.

[5] HAI=(중위가구소득÷대출상환가능소득)×100. 주택구매력지수란 우리나라에서 중간 정도의 소득을 가진 가구가 금융기관의 대출을 받아 중간 가격의 주택을 구입한다고 가정할 때, 현재의 소득으로 대출원리금상환에 필요한 금액을 부담할 수 있는 능력을 의미한다. HAI가 100보다 클수록 중간 소득을 가진 가구가 중간 가격의 주택을 큰 무리 없이 구입할 수 있음을 나타내며, HAI가 상승하면 주택구매력이 증가함을 의미한다.

주택건설 인허가실적이 2021년부터 4년 연속 감소하고 있다. 인허가실적은 2015년 76.5만 호에서 지속해서 감소해 2020년 약 45.8만 호에 달했다. 2020년~2021년 동안 부동산 시장이 상당한 호황을 누리며 건설사들의 인허가실적이 다시 반등했다. 2021년 주택건설 인허가실적은 약 54.5만 호로 증가했다. 이후 부동산 시장이 다시 침체기로 전환됨에 따라 4년 연속으로 인허가실적이 감소했다. 2022년 약 52.2만 호, 2023년 약 42.9만 호, 2024년 약 42.8만 호로 감소했다. 2025년에는 약 27.7만 호로 급감할 것으로 전망된다. 인허가 이후 착공 및 준공에 이르기까지 약 2년 이상의 시간이 경과하는 것을 고려하면 2026년에도 신규 주택 공급량이 감소하며, 주택 공급 현상이 지

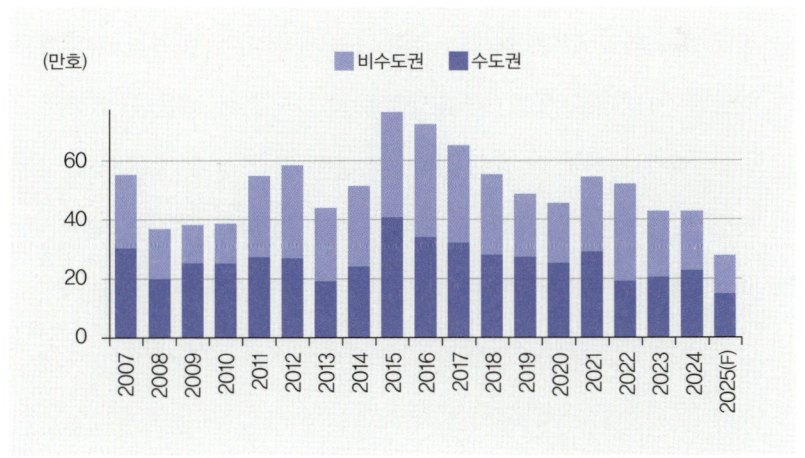

주택건설 인허가실적 추이 및 전망

자료: 국토교통부, 한국경제산업연구원

속될 것으로 전망된다.

　한국 경제의 가장 약한 고리를 꼽자면 부동산PF 부실이다. 미분양 주택과 상업용 부동산 공실 문제가 심각해짐에 따라, 부동산PF 대출 잔액이 쌓이고 연체율이 상승했다. 비수도권의 중소 건설업체들이 하나둘 파산하고, 부동산PF에 과도하게 노출되어 있는 지역 저축은행들이 부실해졌다. 만일 금융 부실에 대한 공포가 확산하면 뱅크런으로 이어질 수 있고, 신용 위험이 고조될 수 있다.

　부동산PF 부실은 부동산 시장에 어떤 영향을 줄까? 두 가지 시나리오가 있다. 첫째, 부동산PF 부실로 인해 경제위기가 온다는 시나리오다. 이 경우 부동산을 포함한 모든 자산의 가격이 일시에 급락할 것이다. 둘째, 부실이 장기화할 뿐 위기 상황으로는 전개되지 않는다는 시나리오다. 2024년 중반 이후, 시중금리가 점차 하락하고 서울과 수도권을 중심으로 부동산 거래량이 늘어나면서 부동산PF 부실 공포가 점차 해소되고 있다. 정부는 부동산PF 부실이 금융위기로 전개되지 않도록 관리하고 있고, 금융사들은 건설사들에 대출을 제공하지 않음으로써 위기관리를 하고 있다. 이 경우 주택 공급 절벽으로 이어져 부동산 가격의 상승 압력으로 작용한다. 2024년~2025년 동안 주택건설 인허가 건수가 급감한 것은 이러한 전망을 뒷받침한다.

2026년
부동산 시장 전망

2024년 중반을 기점으로 부동산 시장은 상승 국면으로 전환되었다. 서울을 중심으로 강한 상승세가 나타나는 반면, 비수도권의 지방 부동산 시장은 하락세가 지속되었다. 『피벗의 시대 2025년 경제전망』에서 이러한 현상을 '수도권과 비수도권의 비대칭화 desymmetrization'라고 정의했다. 2025년 부동산 시장을 아래와 같이 전망한 바 있다.

지역을 구분하지 않는 평균 아파트매매가격을 기준으로 살펴볼 경우, 2026년 부동산 시장은 완만한 상승세를 지속할 것으로 전망한다. 2024년 중반부터 2026년은 점진적으로 기준금리를 인하하는 피벗의 시대고, 부동산 시장이라는 톱니바퀴도 함께 굴러갈 것으로 판단된다. 주택가격은 주택의 수요와 공급에 의해 정해진다. 수요가 매우 강하게 뒷받침될 것으로 판단하지는 않는다. 2026년에 주택 수요는 완만하게 늘어나지만 주택 공급은 감소하기 때문에, 상승 흐름이 유지될 것으로 전망한다.

미분양 주택은 수요와 공급의 결과물이기 때문에 주택가격을 판단하는 바로미터가 될 수 있을 것이다. 미분양 주택 수가 증가하면 공급이 수요를 초과하고 있음을, 감소하면 매수세가 강해지고 있다고 진단할 수 있다.

『피벗의 시대 2025년 경제전망』의 2025년 부동산 시장 전망

2024년 중반부터 2025년은 피벗의 시대다. 이제 세계 주요국들이 제약적인 금리에서 벗어나기 시작할 전망이다. 물가 안정이라는 목표를 이룬 중앙은행은 다음 목표인 고용 안정(경기 안정)을 위해 점차 기준금리를 인하한다는 의사 결정을 내릴 것이다. (…) 거시경제적으로 볼 때 부동산 시장은 강한 보합세를 유지할 가능성이 높다. —145쪽

2025년 부동산 시장은 완만한 상승세가 이어질 것으로 전망한다. 2024년 중반부터 2025년까지는 피벗의 시대다. 이때 부동산 시장이라는 톱니바퀴도 함께 굴러가리라 판단한다. 주택 가격은 주택의 수요와 공급으로 정해진다. 2025년에 수요가 매우 강하게 뒷받침될 것으로 판단하지는 않는다. 주택 수요는 완만하게 증가하지만, 공급은 감소하기 때문에 상승 흐름이 유지될 것으로 예측한다. —157쪽

2025년에 기존 주택의 매도세는 점차 감소할 것으로 전망한다. 한국은행이 기준금리를 인하하고, 추가 인하에 대한 기대가 2026년까지 유효하기 때문이다. 신규 취급액 기준의 시중금리가 추세적으로 하락하고, 이자 부담이 경감되면서 투자자들의 매도심리가 수그러들 것으로 보인다. —158쪽

평균적으로 전국 평균 아파트 매매가격이 상승한다고 해도 이것이 전국적으로 통용되는 흐름은 아닐 것이다. 수도권 집값은 상승하고, 비수도권 집

값은 하락한다고 했을 때, 평균 집값은 상승한다고 나타날 것이다. 수도권과 비수도권의 비대칭화desymmetrization라는 트렌드를 빼놓고는 시장을 설명해낼 수 없다. 2025년 수도권과 비수도권의 부동산 시장은 비대칭적으로 전개될 것으로 전망한다. —160쪽

지방소멸현상은 비수도권 지역의 부동산 매수세가 급감할 것임을 보여주는 중요한 근거가 된다. 지방소멸현상이 가속화되고 있다. 소멸위험지역 시군구는 2005년 33곳에서 2024년 130곳으로 늘어났다. (…) 저출산·고령화 현상이 급격하게 진전되고 있는 지역들로, 향후에도 주택 수요가 늘어나기 힘든 여건의 지역들이라고 판단된다. 수도권과 비수도권 간 부동산 시장의 '비대칭화desymmetrization'가 진전되고 있는 이유다. —161쪽

'비대칭화의 진전'이라는 부동산 시장 트렌드를 주지해야 한다. 평균의 함정에 빠지기 쉽다. 부동산 시장의 흐름을 볼 때, 평균적인 시장 동향을 보는 것은 오판을 가져올 수 있기 때문이다. 전국 주택가격이 평균적으로 하락하거나, 상승한다고 해도 비대칭화라는 부동산 시장의 메가 트렌드를 고려해 판단해야 할 때이다. 지방소멸현상은 거스를 수 없는 변화다. 장래에도 수요가 뒷받침될 지역인지, 그렇지 않을 지역인지에 관한 판단이 선행되어야 한다. —166쪽

자료 : 김광석(2024.9), 『피벗의 시대 2025년 경제전망』

2020년~2021년 동안 미분양 주택이 급격히 해소되면서 가격이 급등했고, 2022년~2023년 동안 미분양 주택이 급격히 늘어나면서 가격이 조정되었다. 2023년 중반 미분양 주택이 상당 부분 해소되면서 전국 평균 아파트 매매가격이 일시적으로 반등했다. 2024년 중반 이후 미분양 주택이 감소세로 전환되었고, 가격도 바닥을 찍고 반등세로 전환되었다.

2025년까지도 서울의 경우 주택 공급 부족 현상이 지속되는 반면, 지방의 경우 미분양 주택 해소가 더디게 전개되어왔다. 지방 미분양 주택은 해소되지 않고 있는데, 서울을 중심으로 강하게 해소되고 있

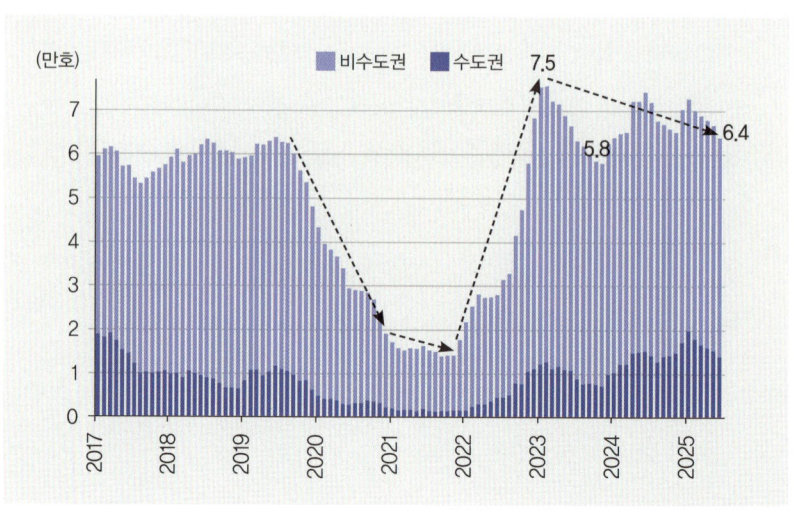

지역별 미분양 주택 추이

자료: 국토교통부 통계누리

는 현상은 지역별 부동산 시장의 온도 차를 잘 반영해준다. 2026년에도 미분양 주택이 완만하게 감소하면서 상승 흐름을 유지할 것이다. 특히, 정부의 정책 기조가 지방 미분양 주택 해소에 주안점을 두고 있기 때문에 비수도권 주요 지역의 아파트 가격의 상승세로 전환하는 흐름이 나타날 것으로 전망된다.

2026년 부동산 시장 트렌드: 분절화 fragmentation

2025년까지의 부동산 시장과 2026년의 흐름이 완전히 구분되어 나타날 것으로 전망한다. 2026년 부동산 시장이 그동안과는 완전히 다른 단계에 진입한다는 측면에서 분절화 fragmentation가 전개될 것으로 보인다. 그동안 필자가 집필해온 경제전망서에 방향성을 제시한 대로, 부동산 시장의 거대한 트렌드는 '수도권과 비수도권의 비대칭화 desymmetrization'였다. 다만 2026년 부동산 시장은 이 거대한 트렌드와 벗어나는 구별된 모습이 전개될 것으로 전망한다.

2026년 거시경제적인 관점에서만 보면 상당한 규모의 유동성이 공급되는 국면이기 때문에, 서울을 중심으로 한 부동산 시장의 상승세가 더욱 강하게 전개될 것으로 판단할 수 있다. 수요와 공급 분석을 통해 확인해볼 때도 2025년까지의 흐름보다 더 강한 양극화가 나타날 가능성이 높다. 그러나 이러한 흐름을 차단하기 위한 정책적 의지가 매우 강하기 때문에 2026년은 일시적으로 유동성의 힘을 억눌러 놓는 분위기가 조성될 것으로 판단한다. 결론적으로 서울 부동산 시장은 강한 상승장이 꺾여 다소 안정화의 기조로, 지방 부동산 시장은 급격한 조정장에서 안정화로 돌아설 것으로 전망한다.

2026년 부동산 인사이트

정부는 가격 안정이 아닌 주거 안정을 최우선 부동산 정책의 목표로 삼아야 한다. 부동산 시장 안정화를 위한 정책에 초점을 두되, 주거 안정을 해치는 일이 있어서는 안 된다. 전세대출의 예를 들어보자. 전세대출을 무리하게 제한하면 주택가격의 안정화에는 기여할 수 있다. 그러나 임차인의 주거 불안을 키울 수 있고, 동시에 주거 선택의 자유가 침해될 수 있다. 한편, 부동산 정책의 제도적 개편을 시도할 때 중장기 계획을 국민에게 공유하고, 변화에 맞는 주거나 내 집 마련 등의 계획을 세울 수 있도록 해야 한다. 6·27 대책처럼 기습 작전을 펼치듯 어떠한 방향성도 사전에 알리지 않은 채 정책 변화를 시도하면 안 된다. 정부와 국민이 운동경기를 하는 것이 아니지 않은가? 정부와 국민이 경쟁하는 것이 아니지 않은가? 경제주체들이 변화를 이해하고 건전한 의사 결정을 내릴 수 있도록 정부는 안내하고 지원할 책임이 있다.

기업은 여전히 신중한 경영전략을 준비해야 한다. 지방 미분양 주택이 점차 해소되는 현상이 있다고 하여 이를 중장기적 혹은 구조적인 현상이라고 이해해서는 안 된다. 일시적으로 나타나는 현상과 구조적인 흐름을 구별 지어야 한다. 지방 미분양 주택 해소를 기회로 삼아 추가 공급을 시도할 경우, 2~3년 후 미분양 사태가 재현될 수 있다. 주택 건설보다는 데이터 센터나 에너지 인프라 조성 사업 등과 같은 인프라 건설에서 많은 기회가 있을 것이다.

가계는 흔들림 없는 내 집 마련 전략을 세워야 한다. 2026년 경제를 유동성 장세라고 가정해도 될 법하겠지만, 부동산 시장의 흐름은 과거의 유동성 장세 구간과는 다르게 나타날 것으로 보인다. 앞서 강조했듯이, 2026년 부동산 시장은 2024년부터 시작된 장기적 추세와 동떨어져 전개될 것으로 판단된다. 평균의 함정에 빠지기 쉽다. 평균적으로 전국 평균 아파트 매매가격이 완만하게 상승한다고 해서 전국적으로 통용되는 흐름은 아닐 것이다. 정책의 힘이 많이 작용하는 구간이기 때문에 수도권은 누르되 악성 미분양 주택이 과도하게 많이 쌓여 있는 지역에서는 기회가 올 수 있다. 부동산 시장에 대한 기조를 스스로 읽어내야 한다. 누군가는 "오른다"라고 말하고, 누군가는 "떨어진다"라고 말한다. 다양한 전문가들의 논리와 근거를 수용하고, 이를 바탕으로 흔들리지 않는 자신의 뷰를 장착해야 한다. 총체적으로 부동산 시장을 내다볼 수 있어야 한다.

3부

2026년 산업·기술 트렌드

AI 플랫폼 시대

01

필자는 화가다. 5분 만에 옆 페이지의 그림을 그려냈다. "2025년 세계 경제에 소용돌이가 일고 있고, 한국 경제라는 배는 그것에 대응을 준비하는 게 아니라 스스로 좌초될까 우려된다"라는 경제적 평론만으로도 그림을 그려낼 수 있는 시대다. 크레파스로 그림을 그릴 수 있고, 물감으로도 그림을 그릴 수 있지만 생성형 AI로도 그림을 그릴 수 있다.

AI is everywhere. 이제 세상은 AI로 구분된다. AI가 본격적으로 범용화되는 AI 시대가 왔다. 단순한 디지털 시대와 AI 시대는 다르다. AI를 활용하는 기업과 그렇지 않은 기업은 다르다. AI를 활용하는 사람과 그렇지 않은 사람은 다르다.

자료: ChatGPT4

디지털 트랜스포메이션Digital Transformation의 가속화

아날로그에서 디지털로의 전환, 즉 디지털 트랜스포메이션이 가속화하고 있다. 소파에 누워 장을 보고, 카페에 가도 점원이 아닌 키오스크를 이용해 주문한다. 지도책은 일상에서 사라졌고, 내비게이션 플랫폼에 의존해 길을 찾아간다. 은행 지점에 방문해본 적이 언제인지 기억해내기 어려울 정도이지만, 손안에서 수많은 은행 서비스를 이용하고 있다. 일상은 이미 아날로그가 아닌 디지털로 옮겨졌다.

은행 서비스를 보자. 소비자의 은행 서비스 이용 행태를 보면 입출금 거래 시 대면 거래를 이용하는 비중이 2005년 26.3%에서 2025년

입출금 거래의 채널별 업무 처리 비중

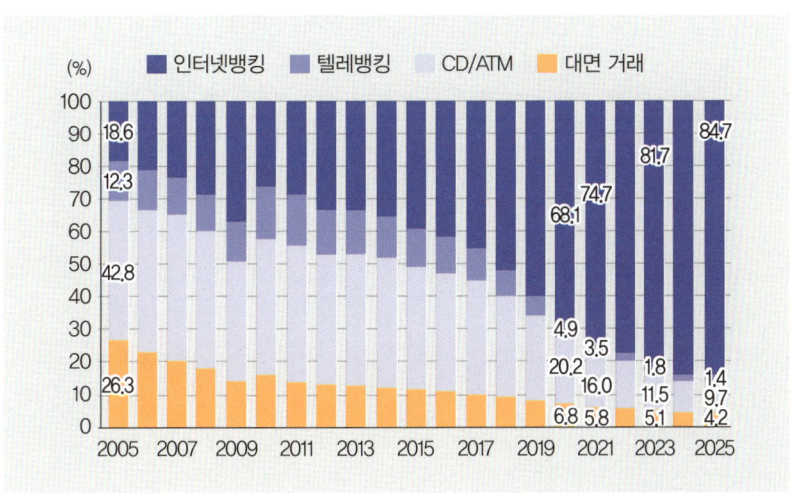

자료: 한국은행, 지급결제(전자금융통계)
* 2025년은 1분기 기준

1분기 4.2%로 줄었고, 텔레뱅킹이나 CD/ATM에 대한 의존도 역시 매우 빠른 속도로 축소되고 있다. 반면, 인터넷뱅킹에 대한 의존도는 같은 기간 18.6%에서 84.7%로 가파르게 증대되었다. 즉 은행 서비스를 이용하지 않는 것이 아니라, 은행 서비스의 이용 방법이 전환되고 있는 것이다. 은행 지점이 아닌 은행 서비스 플랫폼을 이용하는 방식으로의 전환이다.

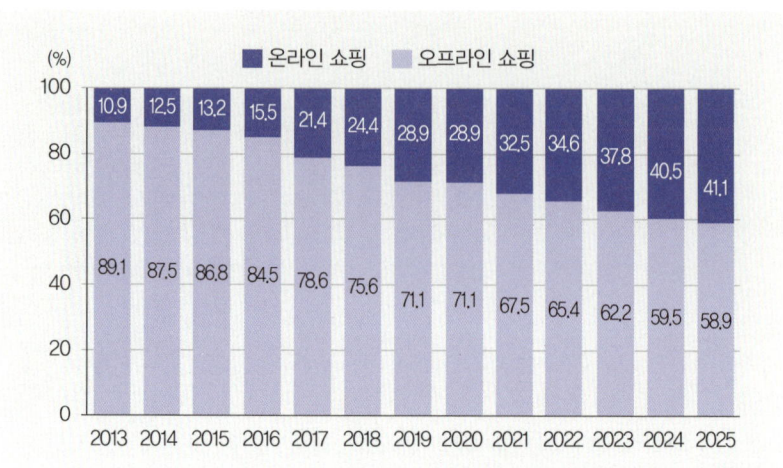

자료: 통계청(2025년 5월 누적액 기준이며, 오프라인 쇼핑 거래액은 소매 판매액에서 온라인 쇼핑 거래액을 차감하여 추산)

　유통 서비스도 마찬가지다. 소비자의 온라인 쇼핑 의존도는 2013년 10.9%에서 2025년 5월 기준 41.1%로 확대되었다. 반면 오프라인 쇼핑은 같은 기간 89.1%에서 58.9%로 축소되었다. 모바일 기기와 인터넷이 보급되고, 지급결제 수단과 쇼핑 앱의 이용 편리성이 증대된 결과이다. 미래 유통 서비스는 더욱 디지털화할 것으로 주목되고, 이러한 흐름은 거스를 수 없는 변화에 해당한다.

디지털 플랫폼의
진화

디지털 플랫폼이 진화하고 있다. 특히 주문과 결제의 방법에서 주목할 만하다. 2020년대 들어 오프라인 공간에서 점원을 통해 주문하고 결제하는 일련의 과정은 어느새 키오스크^{kiosk}[1] 방식으로 상당 부분 대체되었다. 많은 식당이나 주점 들이 테이블 오더를 도입했고, 수수료를 지불하지만 인건비보다 저렴하다는 면에서 급속도로 확산되었다. 이제 디지털 플랫폼으로의 진화가 한 단계 더 전개되기 시작했다. 바로 '모바일 오더$^{Mobile\ Order}$' 플랫폼으로의 진화다.

마치 내비게이션이라는 디바이스가 사라지고 티맵 등과 같은 플랫폼의 형태로 진화한 것과 마찬가지다. 카메라, 탁상용 시계, PC마저 사실상 스마트폰으로 점차 대체되고 있다. 카카오톡을 즐겨 이용하고 있지만, 카카오톡이라는 디바이스를 별도로 가지고 있지 않다. 유튜브를 즐겨 이용하고 있지만, 유튜브라는 별도의 디바이스를 가지고 있지 않다. 지급결제 서비스를 키오스크나 테이블 오더라는 디바이스를 통해 이용하고 있지만, 모바일 오더로 대체될 수 있다. 기차역과 지하철역에서의 티켓 발매기, 영화관이나 공연장에서의 티켓 발

---

1 공공장소에 설치된 무인 정보 단말기. 주로 정부 기관이나 은행, 백화점, 전시장 등에 설치되어 있으며 대체로 터치스크린 방식을 사용한다.

매기, 대형 주차장에서의 주차비 사전 정산기 등과 같은 모든 디바이스는 모바일 오더 플랫폼으로 대체될 것이라고 전망된다.

'테이블로tablero'는 모바일 주문/결제 서비스 플랫폼으로 혜성처럼 등장했다. 각종 오프라인 유통매장, 고속도로 휴게소, 식당, 카페, 스포츠 경기장 등에 걸쳐 키오스크와 테이블 오더를 점차 대체하고 있다. 현대백화점, 한화커넥트, 웰스토리, CJ프레시웨이, 서울역, 더본코리아, 맘스터치 등과 협업하고 있다. 테이블로는 2024년 12월 금융감독원으로부터 PG Payment Gateway 라이선스를 받았다. 주문/결제 서비스를 제공하는 플랫폼 중에서 네이버, 카카오, 토스에 이어 4번째 기업으로 발돋움하고 있다. 향후 공항 서비스, 철도 서비스, 지자체 공공 행정 서비스로 확대될 것으로 전망된다.

모바일 주문/결제 서비스 테이블로

자료: 테이블로

일상으로 들어온 AI 플랫폼

2025년 들어 AI가 본격화되었음을 알리는 이벤트들이 경쟁하듯 펼쳐졌다. 매년 1월 첫째 주에 열리는 CES^{Consumer Technology Association} Show는 "Dive in(뛰어들다)"이라는 주제로 개최되는 세계 최대 규모의 가전·기술 박람회다. 단순한 전자제품 전시회가 아니라 미래 기술의 흐름을 가장 먼저 보여주는 무대다. 2025년 1월 20일 트럼프 대통령의 취임식이 있었고, 트럼프가 미국을 다시 위대하게 만들기 위해 강조하고 있는 산업적·기술적 영역이 바로 AI였다. 매년 1월 넷째 주에 개최되는 다보스포럼^{WEF; World Economic Forum}은 이제 지능 시대^{The Intelligent Age}가 왔음을 선언했다.

한편, 중국의 AI 스타트업 DeepSeek가 저비용 AI 플랫폼을 시장에 내놓으며 AI 시장에 엄청난 파장을 일으켰다. ChatGPT 개발비의 약 20분의 1을 들여 대등한 수준의 성능을 입증했기 때문이다. 이후 수많은 연구기관들이 초저가 AI 개발 비용 성과를 경쟁적으로 발표하기 시작했다. UC 버클리 연구진은 최신 오픈AI와 동급의 성능을 갖춘 AI 추론 모델을 개발했고, 450달러의 비용이 들었음을 발표했다. UC 버클리 연구진은 알리바바(중국 전자상거래 기업)의 AI 모델 오픈소스를 증류^{distillation}했다. 이어 미국 스탠퍼드와 워싱턴 대학교 AI 연구팀은 단 50달러의 클라우드 컴퓨팅 비용으로 AI 추론 모델 훈련에 성공했

삼성전자의 스마트싱스

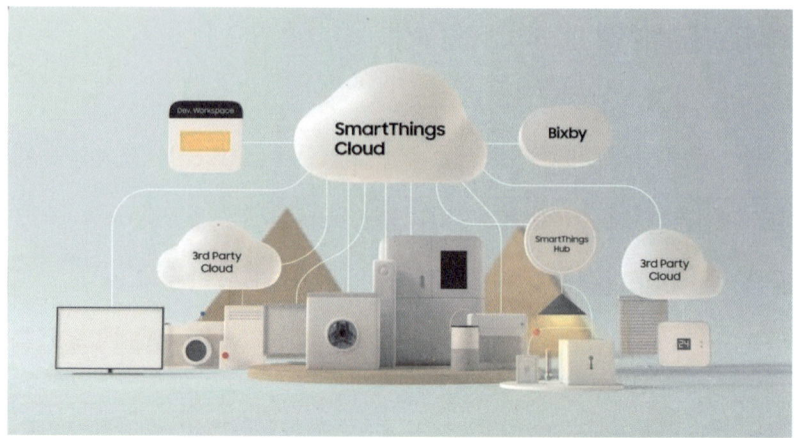

자료: 삼성전자

다고 밝혔다.

AI는 본격적으로 대중의 일상에 들어올 전망이다. 기술적으로 고도화하고 AI 모델의 가격경쟁이 치열해지면서 나타나는 자연스러운 현상이다. 플랫폼 기업들은 소비자에게 소구할 만한 AI 서비스를 경쟁적으로 확대하고 있다. 이용자들은 점점 디지털 플랫폼과 AI에 익숙해지고, 이제 스마트폰이 없는 삶을 상상할 수 없듯이 AI 없는 삶을 상상할 수 없게 될 것이다.

AI 기반의 스마트홈이 대표적인 예다. 삼성전자는 "AI for All(모두를 위한 AI)"이라는 슬로건을 제시했다. 스마트싱스 SmartThings를 통해 TV, 조명, 청소기, 에어컨 등의 가전들을 연결하고, 집 전체를 제어하도록 하고 있다. LG전자도 업계 최초로 생성형 AI를 탑재한 'ThinQ ON(씽

소니의 아이보	아마존의 알렉사

자료: 소니	자료: 아마존

큐 온)'을 선보였고, AI 에이전트 '퓨론'은 다양한 거대 언어모델^{LLM;} Large Language Models 2을 결합해 AI 홈의 두뇌 역할을 한다.

AI 플랫폼들이 일상을 채워나가고 있다. OpenAI의 ChatGPT는 '검색하기'에서 '질문하기'로 일상을 바꿔놓았다. 아마존의 알렉사^{Alexa}는 이용자의 삶의 패턴을 이해하고 일일이 명령하지 않아도 작업을 자동으로 수행하는 AI 에이전트 역할을 수행한다. 맞춤형 음악이나 레스토랑을 추천하는 등 개인화 기능을 강화하고 있다. 소니의 반려 로봇 아이보^{Aibo}는 주인 말을 인식하고 훈련도 가능하며, 다양한 기억을 저장한다. 고령자 및 소외계층에게 돌봄 서비스를 제공하는 등 광범위

---

2 언어 모델(LM; Language Model)은 입력값(자연어, 보통은 사용자의 문장)을 기반으로 통계학적으로 가장 적절한 출력값을 출력하도록 학습된 모델이다. 규모가 더욱 커다란 언어 모델을 LLM(Large Language Models, 거대 언어 모델)이라고 부르는데, 매개변수 규모가 막대한 GPT-4 같은 모델들이 이에 해당한다.

한 시장으로의 진입을 준비해나가고 있다. 그 밖에도 로봇이나 모빌리티 영역에서 물리적 AI$^{Physical\ AI}$가 도입되어 일상을 함께할 것이다.

플랫폼 중심 국가로의 도약

디지털 트랜스포메이션과 AI의 일상화는 거스를 수 없는 패러다임 변화다. 역행하거나 이끌려 다녀서는 안 된다. 이러한 변화를 선도해야 한다. 그러려면 다음과 같은 노력이 필요하다. 첫째, AI 기반의 디지털 트랜스포메이션이 전개됨에 따라 밸류체인 내 유망한 영역을 포착하고, 핵심 기술을 장악하는 R&D 로드맵을 짜야 한다. 둘째, 다양한 스타트업들이 등장하고 유니콘 기업으로 성장할 수 있는 환경을 마련해야 한다. 아이디어와 기술을 교류하며 안정적으로 자금을 마련할 수 있도록 해야 한다. 셋째, 규제 완화가 절대적이다. 기업들은 10년 후 미래를 고민하고 있는데, 정작 규제는 10년 전의 상황에 맞춰 짜여 있다. 미래형 유망 기술과 산업이 등장하기 위해서는 그에 맞는 수준의 규제환경이 조성될 필요가 있다. 마지막으로 기술 인재 확보가 필요하다. 세계 각국에서 AI 인재를 육성하고 확보하기 위해 경쟁하고 있다. 우수한 인재들이 AI 플랫폼이라는 미래산업을 이끌어갈 수 있도록 충분한 보상 체계와 성장의 기회를 제공해야 한다.

원화 스테이블코인의
딜레마

02

디지털 화폐가 월스트리트에 데뷔했다. 2025년 6월, 역사상 최초로 디지털 화폐 발행사 서클Red-Hot Circle이 뉴욕증시에 상장됐다. 상장 첫날 공모가 대비 168% 폭등했고, 이틀째 247% 급등했다. 서클은 스테이블코인 USDC를 발행하고 있는데 이는 현재 시가총액 기준으로 세계 2위의 스테이블코인이다. 미국 의회에서 스테이블코인 법안 통과를 앞둔 상황에서부터 관심이 집중되었다.

2025년 7월, 미국 의회는 크립토 주간을 보내면서 가상자산 3법 통과에 모든 노력을 쏟아부었다. 트럼프 행정부가 이토록 스테이블코인에 진심이라는 점을 확인케 해주었다. "미국 국채 수요를 늘려

뉴욕증권거래소에 걸린 서클 배너

금리를 낮출 것. 기축통화를 잃으면 세계대전에서 지는 것과 같다." 트럼프 대통령의 이러한 표현은 스테이블코인을 통해 국채시장을 안정화하고, 달러의 기축통화국으로서의 패권적 지위를 유지하고자 하는 의지를 충분히 피력해준다. 달러 스테이블코인에 관한 구체적인 사항은 1부의 「05 스테이블코인, 디지털 통화 전쟁」 편을 참조하길 바란다.

디지털 자산의 개념과 구분

디지털 자산이란 '분산원장기술 등으로 생성·저장되며 전자적 방식으로 이전 가능한 재산적 가치'로 정의한다. 이중 일부는 디지털 화폐$^{Digital\ Currency}$로서의 기능을 갖는다. 디지털 화폐란 금전적 가치가 전자적 형태로 저장, 이전 또는 거래될 수 있는 통화를 의미한다. 최근 블록체인, 빅데이터 등의 기술들이 발전하고 다양한 영역에 걸쳐 적용되는 과정에서 다양한 디지털 화폐가 발행되고 있다. 아날로그식 현금에서 디지털 기반의 화폐로의 전환이 일어나고 있는 것이다.

디지털 자산은 크게 가상자산$^{Virtual\ asset}$, 스테이블코인^{Stablecoin}, 중앙은행 디지털 화폐$^{CBDC;\ Central\ Bank\ Digital\ Currency}$로 구분된다. 가상자산은 블록체인을 기반으로 분산환경에서 암호화 기술을 사용해 만든 일종의 디지털 자산이다. 가상자산은 가격 변동성이 매우 커 화폐를 대체하기 어렵다는 단점이 있다. 스테이블코인은 가상자산의 단점을 보완해 민간 기업들이 가격 변동성을 최소화하고 통화와의 일정한

디지털 자산의 분류와 특징

	가상자산	스테이블코인	CBDC
발행 주체	없음(탈중앙화)	민간 기업	중앙은행
감독 방식	관리·감독 기관 없음	여러 국가가 관리·감독에 참여	정부가 직접 관리·감독
특징	익명성		익명성 제어 가능
가치	불안정 (수요·공급에 의해 정해짐)	안정 (통화가치와 연동)	안정 (통화가치와 연동)
사례	비트코인(bitcoin)	테더(USDT), 서클(USDC)	중국 DCEP

교환 비율을 설정했다. 보통 1코인이 1달러의 가치를 갖도록 설계되었다. 다만 정보의 주체가 민간이라는 점에서 정책적으로 통제가 어렵다는 단점이 있다.

CBDC는 중앙은행 내 지준예치금이나 결제성 예금과는 별도로 중앙은행이 전자적 형태로 발행하는 새로운 화폐[1]를 가리킨다. 중앙은행에서 발행하고 정부가 직접 관리·감독한다는 면에서 안정성이 높다. 가상자산은 익명성이 보장되어 있어 자금 세탁이나 탈세 등과 같은 불법적 용도로 활용될 수 있다는 단점이 있으나, 중앙은행 디지털 화폐는 통제가 가능하다. 즉 거래의 익명성을 보장할 수도 있고, 필요에 따라 익명성을 제한하는 것도 가능하다. 특히 기존의 화폐를 대신할 수 있어 '현금 없는 사회'로의 이행을 가속화할 수 있고, 물가 안정 등과 같은 통화정책의 수단으로 활용될 수 있다.

한국은행의 '프로젝트 한강'

'프로젝트 한강'은 한국은행이 발행하는 CBDC를 시범 운용한 사업

---

[1] "A CBDC is a digital form of central bank money that is different from balances in traditional reserve or settlement accounts." – BIS(2018.3), 「Central Bank Digital Currencies」

이다. 한국은행은 2020년부터 CBDC 연구 개발에 착수했고, 여러 차례의 기술적 테스트를 거쳐 실거래 실험 단계까지 도래했다. 2025년 4월부터 두 달 동안 약 10만 명의 참가자를 대상으로 CBDC를 실생활에서 어떻게 사용할 수 있을지 실험을 진행했다.

실험에 참여하는 이용자들은 은행 앱을 통해 전자지갑을 개설한 후, 예금을 토큰으로 전환해서 사용할 수 있다. 다양한 온·오프라인 매장에서 물품을 구매하거나 서비스를 이용할 수 있다. 예를 들어 세븐일레븐 편의점에서 이용자가 전자지갑을 열고 QR 코드를 제시하면 점원이 스캔하여 결제가 완료된다.

'프로젝트 한강' 세븐일레븐 예시

자료: 한국은행

프로젝트 한강 참가 사용처

유형	사용처	비고
오프라인 상점	KYOBO 교보문고	전 매장(온라인 제외)
	7-ELEVEN	전 매장(무인점포 제외)
	EDIYA COFFEE	부산·인천 지역 중심 100여 개 매장
	농협 하나로마트	6개점* * 광주유통센터, 방이역점, 부산점, 서대문점, 성남유통센터, 청주점(가나다 순)
온라인 쇼핑	현대홈쇼핑	모바일 웹, 모바일 앱
	MOONFILES	PC 웹, 모바일 웹
	배달앱	모바일 앱(10만여 개 점포 입점)

자료: 한국은행

    프로젝트 한강은 한국은행, 금융위원회, 금융감독원의 공동 주관하에 계획되었다. 과학기술정보통신부, 예금보험공사, 은행연합회, 한국인터넷진흥원KISA 등의 관계 기관과 협의를 거쳤다. 국민, 신한, 우리, 하나, 기업, 농협, 부산 총 7개의 테스트 참가 은행이 예금 토큰을 발행하고, 예금 토큰에 대해 예금보험제도를 적용하기로 했다. 테스트 참가 은행들은 예금 토큰 발행 잔액 대비 7%[2] 이상의 디지털 화폐

---

[2] 현재 기타예금(수시입출식 예금 등)에 해당하는 지급준비율과 동일하다.

를 지급준비금으로 보유하여야 한다.[3] 프로젝트 한강 참가 사용처에는 세븐일레븐 등과 같은 오프라인 상점과 '땡겨요' 등과 같은 온라인 쇼핑을 모두 포함했다.

원화 스테이블코인 법제화 논의

"디지털 자산은 더 이상 변방의 실험적 수단이 아니다." 민주당 민병덕 의원이 2025년 6월 10일 '디지털자산기본법'을 발의하면서 한 말이다. 세계적으로 가상자산을 제도권으로 편입시키고 있다. 미국에서는 스테이블코인 법제화가 급물살을 타고 추진되었고, 2025년 7월 최종 통과 되었다(자세한 사항은 1부의 「05 스테이블코인, 디지털 통화 전쟁」 편에서 구체적으로 확인할 수 있다). 달러 기반의 스테이블코인이 거대한 파도처럼 밀려 들어올 수 있다. 극단적으로 국내에서 이용하는 모든 온라인과 오프라인 지급결제를 달러 스테이블코인에 내어줄 수 있다. 지급결제 산업뿐만 아니라 통화 주권과 금융 주권을 잃을 수도 있다.

원화 스테이블코인 도입은 이재명 대통령의 대선 공약 사항이기도

---

[3] 이에 따라 예금 토큰 발행이 은행들의 자금중개기능에 미치는 영향은 없다.

하다. 원화 기반의 스테이블코인을 법제화하기 위한 디지털자산기본법은 다음과 같은 효과가 있을 것으로 기대된다. 첫째, 법적 예측성이다. "사업하다가 감옥 가는 것 아닌가?" 하는 우려를 버릴 수 있다. 둘째, 유연성과 실효성이다. 대통령 직속 '디지털자산위원회'를 신설하고, 민간 위원을 2/3 이상 점유하게 하여 산업에서 요구하는 방식으로 발맞춰 제도를 조정해나갈 수 있다. 셋째, 투명성이다. 금융위원회 인가 및 등록 절차를 통해 투명하고 건전한 산업 생태계를 조성할 수 있다. 넷째, 안전성이다. 사전 인가제를 도입하여 자기자본 요건(5억 원 이상)과 준비금 보유 등의 자격을 부여하고, 투자자를 보호하는 장치를 갖추는 것이다. 다섯째, 건전성이다. 스테이블코인 발행사가 상장할 경우 시장을 지속적으로 감시하고 불공정거래를 감리함으로써 건전한 생태계를 조성할 수 있다.

최근 은행권 공동으로 원화 스테이블코인 발행을 추진 중이다. KB국민·신한·우리·NH농협·IBK기업·Sh수협은행 등이 참여하는 사단법인 오픈블록체인·DID협회OBDIA가 주도하고 있다. 은행들이 공동으로 출자하는 방식으로 자회사를 설립하고, 스테이블코인을 발행하는 방안을 유력하게 검토하고 있다. 앞서 「05 스테이블코인, 디지털 통화 전쟁」 편에서 언급했듯이 JP모건, 뱅크오브아메리카, 씨티 등 미국 은행들이 스테이블코인 공동 발행을 논의하는 것과 비슷한 구조로 볼 수 있다. 다른 은행들이 추가로 합류할 가능성도 있다. 은행끼리 힘을 합하면 비용을 절감하고, 리스크를 분산하고, 법적 규제에 함께 대응할 수 있다는 이점이 있다. USDT, USDC 등 기존 달러화 기반 스테이블코인에 맞서기 위해 몸집을 키우는 의미도 있다.

딜레마에 빠진 한국의 디지털 화폐

한국은행은 민간이 주도하는 스테이블코인 발행을 반대하는 입장이다. 스테이블코인이 법정통화로 대체되면 통화정책이나 금융 안정, 지급결제 등 중앙은행의 정책 수행에 부정적인 영향을 초래할 수 있음을 우려하고 있다. 가장 큰 우려는 자본 통제 문제다. 원화 스테이블코인은 달러 스테이블코인과 거래가 쉬워지기 때문에 감독을 피해 해외로 자금을 쉽게 보낼 수 있다. 즉 자본 규제 회피 수단으로 사용될 수 있다. 비은행권의 스테이블코인 발행을 심각하게 우려하고 있기에 한국은행은 관리·감독 범위 안에 있는 은행권을 중심으로 허용하는 것이 적절하다는 의견이다.

한편, 금융 불안에 취약한 구조라는 점을 지적할 수 있다. 스테이블코인 발행사는 수취한 현금을 활용해 국채에 투자할 수 있게 되어 있는데, 채권 가격이 급락하면 발행사가 현금으로 상환해줄 능력을 상실하게 된다. 마치 은행이 위험자산에 투자했다가 위험자산 가치가 급락했을 때 예금을 지급할 능력을 잃게 되는 것과 같다. 예상치 못한 충격이 발생해 가치가 급락하고 대규모 국채 매도가 일어나거나 뱅크런Bank run, 즉 대규모 인출 사태가 나타날 때 통제하기 어려운 수준의 충격이 올 수 있다. 미국도 이 부분에 대한 우려가 제기되고 있고, 한국은행 역시 유사한 견해를 가지고 있다.

현재 한국은행은 CBDC를 한국의 가장 적절한 모델로 생각한다. 한국은행의 직접적인 관리·감독이 가능하다는 점에서 스테이블코인보다 안정성이 뛰어나기 때문이다. 더욱이, 2020년부터 여러 차례의 시범 운용과 실생활 실험까지 거쳤기 때문에 디지털 화폐로서의 기능을 충분히 수행할 수 있다는 입장이다.

원화 스테이블코인 향방은?

그렇다고 무대응으로 일괄할 수는 없다. 달러 스테이블코인이 범용화되고, 한국 기업과 가계도 점차 달러 사용이 늘어날 수 있다. 달러 스테이블코인이 원화를 대체하게 되면 통화 주권을 잃게 될 수 있고, 외환 관리에도 상당한 어려움이 생길 수 있다. 지급결제 시장마저 뺏길 수 있다.

그러므로 한국식 원화 스테이블코인을 개척해나갈 것으로 전망한다. CBDC와 스테이블코인의 장점을 결합한 방식이 될 것으로 보인다. 한국은행은 CBDC 발행을 위한 준비가 완료된 상황이기 때문에 한국은행 주최로 개발한 CBDC 시스템에서 시중은행들이 공동으로 발행하는 스테이블코인을 도입하는 방향이 될 수 있다. 시중은행들은 스테이블코인 발행을 통해 비이자 이익을 영위하고, 한국은행이 관리·감독 기능을 갖는 것이 가능성이 가장 높은 방향이라고 평가된다. 시중은행들이 염려하는 '은행 패싱' 문제와 한국은행이 우려하는 '관리·감독 기능'을 유지하며, 달러 스테이블코인에 대응하는 방법을 고안해낼 것으로 보인다.

중국 기술,
추격인가 역전인가

03

이제는 중국산의 정의가 바뀌어야 한다. 과거의 중국산은 저가격·저품질 제품을 상징했다. 하지만 생각을 바꿔야 할 때다. 사대주의가 아니라 중국의 추격을 주의해야 한다는 경각심이다. 경각심을 갖고 대응하기에도 이미 늦은 것이 아닌가 하는 생각이 든다.

앞서고 있다고 생각하며 편안한 마음으로 운전하고 있었다. 무심코 백미러를 보는데 중국이 바짝 추격하고 있었다. 이미 가속도가 붙은 중국은 순식간에 앞서 나갔고, 속도를 줄인 한국은 중국과의 간격이 벌어지는 듯하다. 중국은 한국을 추격하고 있는 것이 아니라, 한국이 추격해야 할 대상이 되었다.

자료: The Economist

중국은 추격하고 있나, 압도하고 있나?

사실상 중국은 한국을 역전했다. AI, 전기차, 배터리, 디스플레이, 로봇, 재생에너지 등의 유망산업이라고 일컫는 모든 산업이 중국에 이미 추격당한 상태다. 산업연구원의 분석에 따르면 이차전지는 중국 기술이 한국보다 3.5년 앞서 있고, 3D프린팅은 4.7년 앞서고 있다. 바이오플라스틱, 탄소섬유복합소재, 제조용 로봇 등도 각각 3.4년, 3.1년, 0.9년가량 이미 격차가 벌어진 상태다.

반도체마저 중국이 앞서 나가기 시작했다. 반도체는 한국의 국가 집중 육성 분야이자 주력 수출 품목이다. 반도체 없이는 한국 경제를

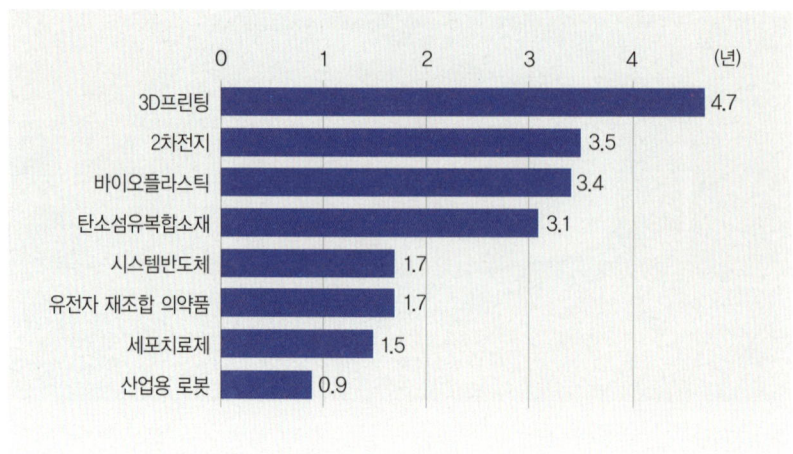

자료: 산업연구원(2025.3.)

논할 수 없다고 해도 이견이 없을 것이다. 한국과학기술평가원KISTEP의 보고서[1]에 따르면 반도체의 설계-소재-전공정-후공정에 이르기까지 중국의 기초역량 기술 수준이 한국을 추월한 것으로 평가한다. 고성능·저전력 AI 반도체 기술과 전력반도체 기술의 경우 이미 2022년부터 중국의 기초역량이 한국보다 우위에 있었고, 고집적·저항기반 메모리 기술과 차세대 고성능 센싱 기술은 한국이 우위에 있었지만 역전되었다. 반도체 첨단 패키징 기술은 비슷한 수준까지 추격당

---

[1] 한국과학기술기획평가원(2025.2.), 「3대 게임체인저 분야 기술수준 심층분석 ① - 반도체 강국으로 재도약을 위한 미래 이슈」 KISTEP 브리프 170

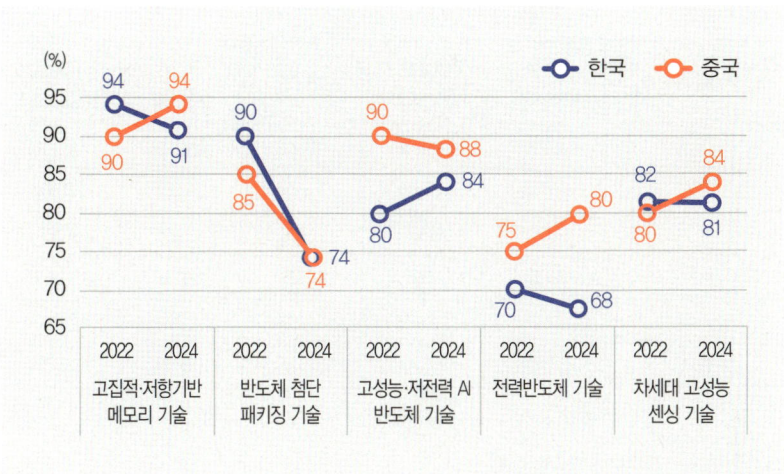

자료: 한국과학기술기획평가원(2025)
(2022년 기술수준평가와 동일한 기술이지만 2022년 기술수준평가 결과와 직접적인 수치(%)에 대한 비교보다는 상대적 순위 등에 대해서만 참고로 할 필요가 있음)

한 것으로 평가한다.

##
중국의 시장 지배력

다양한 산업에 걸쳐 중국의 시장점유율이 압도적으로 늘어나고 있다. 조선, 철강, 석유화학 등의 중화학공업 영역에서 중국에 시장을 점유당한 지는 이미 오래되었다. 2025년 들어 글로벌 전기차 시장에

주요 국가별 글로벌 전기차 인도량 현황

* 연간 누적 지역별 글로벌 전기차 인도량(BEV+PHEV, 상용차 포함) (단위: 천 대)

지역	2024. 01~05	2025. 01~05	성장률	2024 점유율	2025 점유율
중국	3,388	4,718	39.2%	59.6%	62.7%
유럽	1,203	1,538	27.9%	21.2%	20.5%
북미	704	714	1.4%	12.4%	9.5%
아시아(중국 제외)	285	412	44.9%	5.0%	5.5%
기타	102	138	34.8%	1.8%	1.8%
합계	5,682	7,520	32.4%	100.0%	100.0%

자료: SNE Research(2025.6), Global EV and Battery Monthly Tracker

서 중국이 62.7%의 점유율을 기록했다(1월~5월 누적 기준). 2024년 같은 기간 중국의 시장점유율이 59.6%이었음을 생각해볼 때 매우 빠른 속도로 세계시장을 확보해나가고 있음을 알 수 있다.

중국의 BYD와 Geely는 세계 전기차 시장 1, 2위 기업으로, 3위인 테슬라를 넘어섰고 7위인 현대차·기아는 한국 국내시장에서의 입지를 위협받고 있다. BYD의 신차 '아토 3'는 산업통상자원부의 친환경자동차 신고와 한국환경공단의 보급 평가 인증을 마치고 한국 시장에 진입했다. 2,000만 원대 '가성비 전기차'로 소비자의 관심을 끌고 있고, BYD코리아오토를 설립해 중고차 시장까지 진입을 준비하고 있다.

전기차용 이차전지 시장도 마찬가지다. 1위 CATL, 2위 BYD는

주요 기업별 글로벌 전기차 인도량 현황

* 연간 누적 글로벌 글로벌 전기차 인도량(BEV+PHEV, 상용차 포함)   (단위: 천 대)

순위	회사	2024. 01~05	2025. 01~05	성장률	2024 점유율	2025 점유율
1	BYD	1,176	1,586	34.8%	20.7%	21.1%
2	Geely	447	793	77.3%	7.9%	10.5%
3	TESLA	640	537	-16.0%	11.3%	7.1%
4	Volkswagen	363	519	42.8%	6.4%	6.9%
5	SAIC	343	391	13.8%	6.0%	5.2%
6	Changan	223	321	43.8%	3.9%	4.3%
7	현대&기아	222	242	9.2%	3.9%	3.2%
8	BMW	199	237	18.8%	3.5%	3.1%
9	Chery	116	225	93.9%	2.0%	3.0%
10	Stellantis	225	215	-4.4%	4.0%	2.9%
	기타	1,727	2,455	42.2%	30.4%	32.7%
	합계	5,682	7,520	32.4%	100.0%	100.0%

자료: SNE Research(2025.6), Global EV and Battery Monthly Tracker

2025년 5월 누적 기준 각각 38.1%, 17.4%의 시장점유율을 기록했고, 시장 규모를 점차 키워가고 있다. 그에 비해서 3위 LG에너지솔루션, 5위 SK on, 7위 삼성SDI는 시장을 잃고 있다.

반도체 파운드리^{Foundry} 시장도 중국에 역전되었다. 한때 삼성전자는 반도체 파운드리 시장에 진입하기 위해 막대한 투자를 단행하여 세계시장의 20%가량을 장악했지만 2024년 4분기 8.1%, 2025년 1분기 7.7%로 떨어졌다. 반면, 중국의 파운드리 3사는 9.6%(SMIC 6.0%,

주요 기업별 글로벌 전기차용 배터리 사용량 현황

* 연간 누적 글로벌 글로벌 전기차용 배터리 사용량 (단위: GWh)

순위	회사	2024. 01~05	2025. 01~05	성장률	2024 점유율	2025 점유율
1	CATL	108.6	152.7	40.6%	37.5%	38.1%
2	BYD	44.5	70.0	57.1%	15.4%	17.4%
3	LG에너지솔루션	34.9	39.9	14.3%	12.1%	10.0%
4	CALB	13.7	16.9	22.7%	4.7%	4.2%
5	SK on	14.2	16.8	18.1%	4.9%	4.2%
6	Gotion	7.7	13.8	78.9%	2.7%	3.4%
7	삼성SDI	14.3	13.1	−8.8%	4.9%	3.3%
8	Panasonic	13.4	11.7	−12.9%	4.6%	2.9%
9	EVE	6.4	10.8	67.7%	2.2%	2.7%
10	SVOLT	5.0	10.5	110.1%	1.7%	2.6%
	기타	26.8	45.1	68.5%	9.2%	11.2%
	합계	289.8	401.3	38.5%	100.0%	100.0%

자료: SNE Research(2025.6), Global EV and Battery Monthly Tracker

Huahong Group 2.7%, Nexchip 0.9%)로 앞서가기 시작했다.

미국과 유럽 등의 서방 주요국들은 중국이 '과잉생산excess production capacity'을 단행하고 있다고 지적하고, 이에 중국은 '대량생산mass production'이라고 항변한다. 서방은 중국이 공정 무역 질서를 깨뜨리면서 불공정한 보조금을 지급하고 있다고 강조한다. 공격적인 가격 전략을 취해 세계시장을 장악하고, 경쟁 기업들을 시장에서 물러나게 하고 있다면서 경고의 메시지를 발표하고 있다. 반면 중국으로서

글로벌 파운드리 시장

* 2025년 1분기 세계 파운드리 매출 상위 10대 기업   (단위: 백만 달러)

순위	회사	매출			시장점유율	
		2025년 1분기	2024년 4분기	전분기 대비 증감률	2025년 1분기	2024년 4분기
1	TSMC	25,517	26,854	−5.0%	67.6%	67.1%
2	삼성	2,893	3,260	−11.3%	7.7%	8.1%
3	SMIC	2,247	2,207	1.8%	6.0%	5.5%
4	UMC	1,759	1,867	−5.8%	4.7%	4.7%
5	GlovalFoundres	1,575	1,830	−13.9%	4.2%	4.6%
6	Huahong Group	1,011	1,042	−3.0%	2.7%	2.6%
7	VIS	363	357	1.7%	1.0%	0.9%
8	Rower	358	387	−7.4%	0.9%	1.0%
9	Nexchip	353	344	2.6%	0.9%	0.9%
10	PSMC	327	333	−1.8%	0.9%	0.8%
상위 10대 기업 합계		36,403	38,482	−5.4%	97%	96%

자료: TrendForce

는 대량생산 체제 및 자동화 공정을 도입하여 비용효율성을 높이기 위해 노력하고 있음을 피력하고 있다. 광범위한 자체 내수시장을 활용한 전략이라는 것이다.

중국은 2025년 양회兩會(전국인민대표대회와 전국인민정치협상회의)를 통해 AI를 비롯한 첨단산업을 집중하여 육성하고자 하는 경제정책 방향을 밝혔다. 세계 어떤 나라보다 규제 없는 환경을 조성하기 위한 방침들을 마련하고 있고 텐센트, 알리바바, 바이두 등의 빅테크 기업들은 신규 투자를 확대하겠다고 약속했다. 더불어 과학기술 인재 양성에 박차를 가할 뿐만 아니라, 외국 과학자와 기술 전문가를 영입하기 위해 세계 곳곳에 인재 영입 네트워크를 구성할 만큼 외국 인재 확보에도 적극적인 행보를 단행하고 있다.

어떻게 재도약할 것인가?

안도는 금물이다. 안도하면 안주한다. 안주하면 도약을 고민하지 않게 된다. 중국의 기술적 수준은 미국이 긴장할 만큼 높아졌다. 중국의 경제 규모는 한국의 10배에 달하는데, 계속해서 매년 4~5%의 성장을 지속하고 있다. 중국 인구는 한국의 26배 수준이다. 한국의 출산율, 인구 감소, 고령화 속도를 고려하면 더 위협적이다. 글로벌 유망산업 내에서 한국이 특화할 수 있는 세부 기술 영역을 구분하고, 집중적인 R&D 예산 투입과 기술 인재 육성이 절대적으로 필요하다. 국내 상황만 고려한 규제보다는 세계적으로 완화된 규제환경을 마련하는 것도 미룰 수 없는 과제다. 특정 기술 영역만큼은 어떤 국가로부터도 추격을 불허하겠다는 절박함이 필요하다. 더 이상 물러설 데가 없다. 산업 기술을 재설계하고, 재도약의 기회를 찾아야 한다.

그린스틸
쟁탈전

04

사람이 철을 들어야 하듯, 한국은 철을 내려놓으면 안 된다. 사람은 계절과 때를 의미하는 순한글 '철'을, 한국은 주력산업이자 기간산업으로서의 철鐵(원소기호 Fe)을 들어 올려야 한다. 인류는 수천 년 동안 철과 함께해왔다. 철은 세계 금속 생산량의 90% 이상을 차지할 정도로 널리 사용되고 있어 '산업의 쌀'이라고도 부른다. 자동차, 선박, 건물 구조물, 기계, 부품 등 산업 전반에 걸쳐 사용된다. 철강은 15대 주력 수출 품목 중 하나이며, 다양한 산업의 근간이 되는 한국 경제의 기초산업에 해당한다.

2020년대 들어 지구온난화, 식량 부족, 전쟁 등의 문제로 '기후변화대응'이라는 국제사회의 의제가 부상함에 따라 산업 전반에 걸쳐 거대한 변화가 일어나기 시작했다. 철강산업도 예외일 수 없었고, 그린스틸green steel은 게임체인저로 부상하기에 이르렀다. 그린스틸의 산업전망과 산업적 기회를 탐색해보고 방향성을 계획할 필요가 있다.

멈춤 없는 기후변화대응

기후변화대응의 움직임은 멈춤이 없다. 2015년 12월 파리기후협약에 195개국이 참여했다. 만장일치로 온실가스 감축을 약속했고, 2021년 1월 1일 정식 발효되었다. 세계 각국은 온실가스 감축 목표를 설정하고, 이를 달성하기 위해 노력하고 있다. 레이스 투 제로Race To Zero 캠페인도 전개되고 있다. 이는 유엔기후변화협약UNFCCC이 적극적인 기후변화대응 노력을 촉구하고, 2050년까지 전 지구적 '탄소 배출제로'를 달성하기 위해 2020년 6월을 기점으로 출범한 캠페인이다. 2025년 7월 기준으로 1,139개 도시, 48개 지역, 12,480개 기업, 691개 투자자, 1,208개 대학 등 실질적 경제주체들이 참여 중이다.

국제적인 차원에서 탄소 배출을 규제하는 대표적인 예가 탄소국경조정제도Carbon Border Adjustment Mechanism다. EU 회원국들이 탄소 저감을 역내 기업들에 요구하다 보면 환경 규제가 취약한 역외로 제조 기지가 이탈하거나, 국제 기후 규범을 준수하지 않는 역외국에 비해 제

품의 가격 경쟁력이 떨어질 수 있다. 이에 EU 집행위원회는 역내로 수입되는 탄소 다배출 제품에 세금을 부과하는 제도를 마련했다. 철강, 알루미늄, 비료, 시멘트, 전력, 수소 총 6개 업종에 우선 적용하고, 향후 적용 범위를 확대할 계획이다. 2025년까지는 전환기로 수출 제품을 생산하며 발생하는 온실가스 배출량을 보고해야 하는 의무가 있고, 2026년부터 본격 과세가 적용될 예정이다.

게임체인저
그린스틸

철강산업은 오랫동안 난감축^{hard-to-abate} 산업으로 간주되었다. 철강산업은 전 세계 온실가스 배출의 주요 원인이며, 이를 줄이는 것은 2050년 탄소 중립^{Net Zero} 목표 달성에 필수적이다. 철강산업은 전 세계 이산화탄소 배출량의 약 11% 이상, 온실가스 배출량의 약 7% 이상을 차지한다. 저탄소 철강을 2030년까지 50%, 넷제로 철강을 2050년까지 100% 사용하겠다는 글로벌 공개 선언 이니셔티브인 스틸 제로^{Steel Zero}에 오스테드, 바텐팔, 볼보를 비롯한 40여 개의 기업들이 참여하고 있다.

획기적인 탄소 배출량 감축 모델이 절대적으로 필요하다는 점에서 그린스틸은 철강산업의 게임체인저가 될 것이다. 그린스틸^{green steel}은 친환경 철강으로 직역될 법하다. 탄소 순배출량을 제로에 가까운 상태로 저탄소강을 생산하는 것을 의미한다. 즉 친환경 공정으로 만들어진 철강 제품을 뜻한다.

우리는 철강산업을 지켜내야 한다. 한국은 세계 6위의 철강 생산국이다. 또한 한국의 6번째 주력 수출품이기도 하다. 그뿐만 아니라 자동차, 자동차 부품, 일반 기계, 선박, 가전 등에 중간재로 들어가는 철강의 역할을 생각해보면 실로 철강 수출 규모는 반도체 이상이다. 그밖의 나머지 수출 품목들도 생산공정 자체가 철강으로 구성되었다는

세계 10대 철강 생산국 순위

순위	국가	생산량(백만 톤)	비중(%)
1위	중국	929.2	63.8
2위	인도	135.9	9.3
3위	일본	77.1	5.3
4위	미국	72.9	5.0
5위	러시아	64.9	4.5
6위	한국	58.3	4.0
7위	독일	24.5	1.7
8위	튀르키예	33.9	2.3
9위	브라질	31.2	2.1
10위	이란	28.0	1.9

자료: World Steel Association(2024년 11월 누적 생산량 기준)

한국의 15대 주력 수출 품목 실적

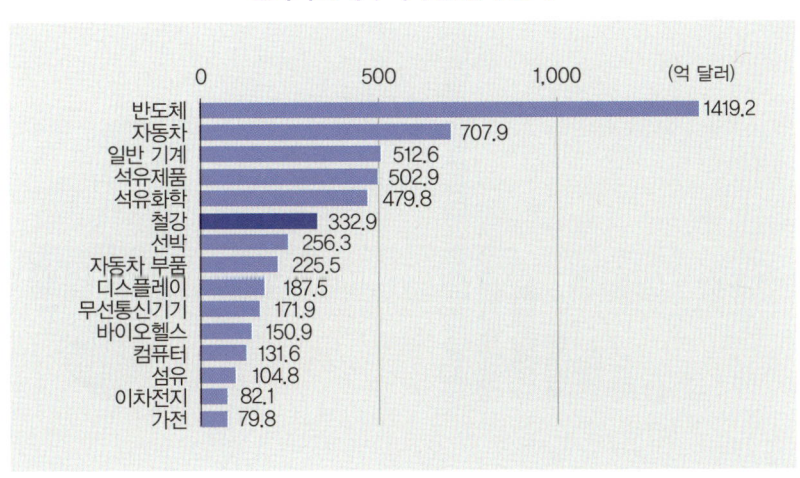

품목	금액(억 달러)
반도체	1419.2
자동차	707.9
일반 기계	512.6
석유제품	502.9
석유화학	479.8
철강	332.9
선박	256.3
자동차 부품	225.5
디스플레이	187.5
무선통신기기	171.9
바이오헬스	150.9
컴퓨터	131.6
섬유	104.8
이차전지	82.1
가전	79.8

자료: 산업통상자원부(2024년 수출 실적 기준)

점을 고려한다면 철강 없이는 그 무엇도 가능한 것이 없다. 세계적으로 철강에 대한 환경 규제가 강화되고 있는 지금, 그린스틸에 도전해야 할 이유는 앞서 제시한 숫자들 그 이상일 것이다.

그린스틸을 향한 세계의 도전

세계는 그린스틸 산업의 성장세를 주목하고 있다. 세계 그린스틸 시장 규모는 2025년 약 9.93억 달러에서 2030년 147.32억 달러로 성

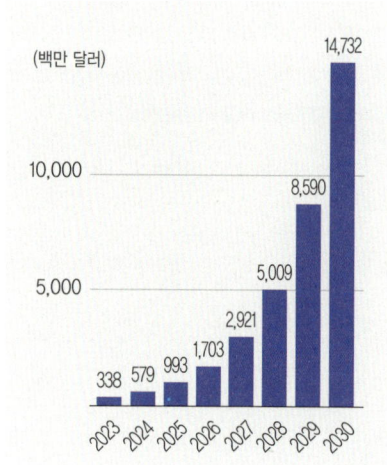

세계 그린스틸 시장 전망

자료: Market.us

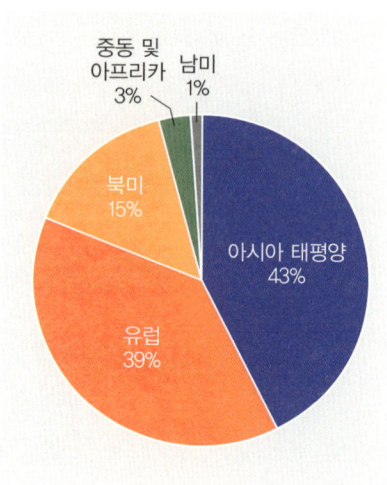

주요 권역별 그린스틸 시장점유율

자료: DataM Intelligence(2023년 기준)

장할 것으로 전망한다. 건설, 자동차, 기계, 제조 공정, 에너지, 소비재 등의 산업에서 그린스틸 수요가 증가할 것으로 보인다. 모든 산업에 걸쳐 탄소 중립에 관한 요구가 증가할 것이고, 이에 그린스틸이 기존의 철강을 점차 대체해나갈 것으로 보인다. 아시아 태평양, 유럽, 북미 지역을 중심으로 그린스틸 시장이 형성될 것으로 전망한다.

위기를 기회로 만드는 기업들이 있다. 많은 기업들이 탄소 중립에 대한 요구에 선제적으로 대응해 산업적 기회를 포착하고 있다. 스웨덴 철강 기업 'SSAB'는 철강 생산 방식을 혁신하는 대표적인 사례로 세계의 주목을 받고 있다. 화석 연료 없이 철강 가치 사슬을 구축하기 위해 정주행하고 있다. 특히, SSAB Fossil-free^{TM}는 석탄 대신 수소를 사용하는 HYBRIT 기술을 적용하여 생산 과정에서 물만 배출하는 혁신적인 제품이다. 메르세데스 벤츠, 볼보 등과 같은 자동차 기업들은 SSAB의 그린스틸을 적용해 탄소 배출량을 혁신적으로 저감했다는 평가를 받고 있다. 또한 스웨덴의 옥셀뢰순드와 룰레오 지역에 각각 2026년, 2028년 수소환원제철을 활용하는 제철소 건설을 준비하고 있다. 영국 철강 기업 Firth Steels는 화석연료를 사용하지 않는 친환경 철강 제품의 장기 공급을 위해 SSAB와 파트너십을 체결했다.

포스코는 한국형 수소환원제철 기술로 탄소 중립을 선도하기 위해 정진하고 있다. 포스코는 HyREX방식으로 혁신하고 있다. 석탄 대신 100% 수소로만 가루 상태의 철광석을 직접 환원해 직접환원철$^{DRI;}$ $_{Direct\ Reduced\ Iron}$을 생산하고, 이를 전기로에서 녹여 쇳물을 제조하는 방식이다. 꾸준히 그린스틸 경쟁력을 확보하고, 생산량을 늘리기 위한 경영전략을 계획하고 있다.

그린스틸 쟁탈전과 준비

그린스틸을 뺏기면 철강산업을 뺏긴다. 기회를 뺏기면 위기만 남는다. 트럼프 2.0 시대에 탄소 저감 노력이 잠시 주춤할 수는 있지만, 영구적으로 배제될 수는 없다. 장기적으로 탄소 중립은 거스를 수 없는 변화다. 전 산업에서 탄소 저감 노력을 집중해야 하겠지만, 특히 철강산업에서의 중요성을 강조하지 않을 수 없다.

정부는 기업들의 그린스틸 개발과 기술혁신을 지원하고, 기업은 로드맵을 구축하여야 한다. 현대제철은 그동안 탈탄소 로드맵이 미흡했다는 평가를 받았고, 이는 현대자동차의 탄소 중립에 제동을 걸게 될 우려를 낳았다. 중국발 과잉 공급과 저가 공세, 탄소 중립 요구, 트럼프의 제조 기지 이전 요구 등과 같은 삼중고에 처해 있지만 그렇다고 눌려만 있을 수 없지 않은가?

극단적 보호무역주의 시대가 올 것이다. 세계 주요국들은 환경 규제를 강화하고, 탄소세 도입 등과 같은 새로운 보호무역 수단을 마련할 것이다. 세계적으로 수입 규제가 강화될 것이기 때문에 각국의 변화할 제도를 모니터링하고, 제도 변화에 부합하는 철강 및 철강을 사용한 제품을 생산해야만 한다. 철(시대)에 맞게 대응해야 한다. 철을 들어 올려야 한다.

사이버 보안의 시대, '제2의 SKT 사태'가 온다

05

테러 집단이 미국의 민간을 침공했다. 9·11 테러가 떠오른다. 이는 국가적 과제인가? 아니면 민간의 책임인가? 물리적 테러만 발생하는 것이 아니다. 중국, 북한, 러시아 등의 사이버 테러가 확산되고 있다. 해외 사이버 테러 집단이 국내 민간 기업을 침입하면 그 책임이 오롯이 기업에만 있다고 할 수 있는가?

점증하는 사이버 테러 위협

2024년 중국 해커가 미국 재무부에 침입한 일이 있었다. 미국 재무부에 따르면 중국 해커들이 재무부 장관을 포함한 고위급 관리들의 컴퓨터에 침입했고, 3천 개 이상의 파일에 접근한 것으로 밝혀졌다. 재무부는 의회에 이 사건을 보고하면서 중국 정부가 후원하는 APT(지능형 지속 위협) 행위자의 소행으로 판단했음을 밝힌 바 있다.

중국이 미국을 상대로 한 인프라 해킹의 배후임을 인정했다는 보도도 이미 나왔다. 중국의 해커들은 미국의 항구, 수도 시스템, 공항

중국 해커의 미국 재무부 침입 사태

자료: BBC

등 사이버 공간에 수년간 침입해왔다. 대만에 대한 미국의 군사적 지원이 증가할수록 인프라 해킹이 확대되었다. 미국이 대만 문제에 관여하자 사이버 공격을 통해 경고성 신호를 보낸 것으로 해석된다. 미중 패권 전쟁의 경과 속에 사이버 테러는 더욱 확대될 가능성이 높다.

'제2의 SKT 사태'가 온다

이제 한국을 조명해보자. 2025년 4월, SKT 해킹 사태가 발생했다. SKT 서버에서 발견된 'BPFDoor'는 2022년 이후 글로벌 사이버 보안

BPFDoor가 목표로 하는 기업의 국가 및 산업 분포

일시	국가	산업
2024년 12월	대한민국	통신
2024년 12월	미얀마	통신
2024년 9월	이집트	금융 서비스
2024년 7월	말레이시아	소매
2024년 7월	대한민국	통신
2024년 1월	홍콩	통신

자료: 언론 종합

업체에 의해 지속적으로 위험성이 제기되어온 악성 코드다. 중국 정부가 지원하는 해커 집단인 'Red Menshen'에 의해 최초로 활용됐으며, 아시아 지역 통신사들이 표적이 되어왔다. BPFDoor 수법은 중국 해커들이 주로 사용하는 것으로 알려져 있다.

대만의 보안 기업 'TeamT5'는 "중국 해킹 그룹은 계속해서 한국을 표적으로 삼아왔다. 한국은 앞으로도 공격의 우선순위가 될 것이다"라고 경고했다. TeamT5는 SKT의 유심USIM 정보 유출 사고 이후에도 한국 기업을 대상으로 한 공격이 이어질 것으로 전망했다. 특히, 지정학적 갈등이 심화하면서 한국이 핵심 공격 대상이 되고 있다고 우려했다. AI, 6G, 로보틱스 등의 신산업 전략 관점에서도 그렇지만, 미국과의 군사·안보 동맹 및 지리적 접근성 등으로 인해 중국이 한국을 표적으로 삼기에 부족함이 없다고 판단된다. 해커들이 이번 SKT 해킹 사태를 통해 금전적 이익을 취하지 않았다는 점에서 국가 통신망의 기밀을 확보하기 위한 국가 안보적 혹은 정치적 해킹이라는 해석에 무게가 실린다.

더욱이, 한국을 향한 사이버 공격은 이번이 처음이 아니다. SKT만의 사태가 아니다. 2014년 KT 개인정보 유출, 2020년 KT 웹하드 사용자 PC 악성 코드 설치, 2023년 LG유플러스 개인정보 유출 사건 등이 있었으나 해커들의 검거 여부는 제대로 알려지지 않았다. 해커들이 점차 조직적이고 고도화되고 있다는 의미다.

2025년 7월, 과학기술정보통신부 민관합동조사단의 최종 발표가 나왔다. 과기정통부는 SKT 해킹 사건의 원인을 공식 발표했다. 이번 사고가 SKT의 관리 부실과 과거 침해 사고의 대응 미흡 등 사업자의 명백한 과실에서 비롯됐다고 지적했다. 특히 SK텔레콤이 해킹 징후를 인지하고도 적절한 조치를 취하지 못했고, 법적 신고 의무도 일부 제대로 준수하지 않은 점이 드러났다.

사이버 보안 산업의 성장

사이버 보안 산업은 디지털 전환이 가속화됨에 따라 중요성이 커지고 있으며, 다양한 영역에서 보안 수요가 급증하고 있다. 특히 AI 기술을 활용한 보안 솔루션의 발전과 더불어 클라우드, 네트워크, 엔드포인트 등 핵심 분야에서 사이버 보안 기술의 고도화가 이루어지고 있다. 사이버 보안 시장은 전 세계적으로 꾸준히 성장하고 있으며, AI 기술과의 융합을 통해 더욱 확대될 것으로 예상된다. 각국 정부와 기업들은 사이버 보안 강화를 위해 법적 규제, 기술 개발, 인재 양성에 힘쓰고 있다.

일본을 예를 들어보겠다. 일본 경제산업성은 2025년 3월 「사이버보안산업진흥전략」을 발표했다. 최근 증가한 사이버 공격과 그로 인한 경제적 피해에 대응하기 위함이다. 일본 내 사이버 공격이 2015년

대비 약 9배 이상 증가했음을 밝히고, 위기를 기회로 만들기 위해 자국 사이버 보안 산업 육성에 나선 것이다. 향후 10년간 자국산 사이버 보안 제품과 서비스를 우대하고, 유망 스타트업 발굴 및 우수 기술 창출, 전문 인력 양성, 국제 협력을 통한 산업 경쟁력 강화를 목표로 한다. 이를 통해 현재 약 1조 엔 규모의 시장을 3조 엔 수준까지 성장시킬 계획이다. 「사이버보안산업진흥전략」은 첫째로 자국산 사이버 보안 제품 및 서비스가 활용될 수 있는 환경을 조성하고, 둘째로 기술력을 끌어올린 우수 제품과 서비스를 창출하며, 셋째로 인재 육성과 기술 표준화 등을 지원해 산업의 성장 원동력을 확보한다는 3대 방향성을 제시하고 있다.

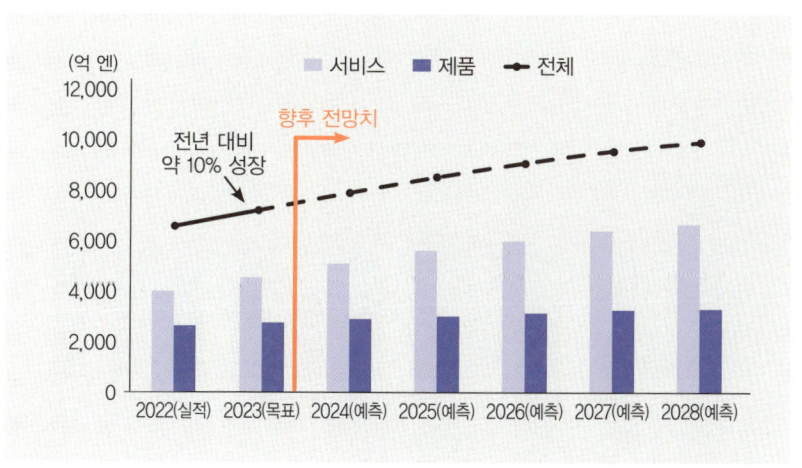

일본 사이버 보안 시장 현황과 추이

자료: 일본 경제산업성, Kotra

사이버 보안 시장은 세계적으로 급격히 성장할 것이다. 세계 사이버 보안 시장은 2023년 약 1,924억 달러에서 2026년 약 2,718억 달러 규모로 성장할 것으로 전망한다. 사이버 보안 솔루션과 서비스 시장이 고루 성장할 것으로 보인다. 사이버 보안 시장은 네트워크 보안 Network Security과 데이터 보안 Data Security이 절대적으로 크고, 그 밖에도 클라우드 보안 Cloud Security, 어플리케이션 보안 Application Security 및 기타 Others로 구성된다. 세계적으로 유명한 사이버 보안 기업들은 팔로알토네트웍스, 포티넷, 시스코, 크라우드스트라이크 등이 있다. 이들 기업은 다양한 사이버 위협으로부터 기업 및 기관의 자산을 보호하기 위한 솔루션과 서비스를 제공한다. 국내 주요 사이버 보안 기업

세계 사이버 보안 시장 규모 추이 및 전망

(단위: 십억 달러)

연도	2023	2024	2025	2026	2027	2028	2029	2030	2031	2032	2033
합계	192.4	215.9	242.2	271.8	304.9	342.1	383.9	430.7	483.2	542.2	608.3

향후 전망치 →

자료: market.us

으로는 안랩, 이글루코퍼레이션, 시큐아이, 원스 등이 있다.

사이버 보안을 더욱 강화해야

사이버 보안이 취약한 나라가 아닌 굳건한 나라가 되어야 한다. 물리적 안보뿐만 아니라 사이버 보안 체계를 구축해야 한다. 20만 중국 해커가 한국을 겨냥하고 있는데, 국내 사이버 보안 전문가는 1년에 고작 30명 남짓 양성되고 있다. 기업도 단단한 준비가 필요하지만 국가적 보안 대응이 필요한 상황이라고 판단한다. 이를 방어하기 위해 기업뿐 아니라 국가적 차원의 방지 대책에 대한 입법과 예산 지원이 필요할 것이다. 고려대학교 임종인 석좌교수는 필자와의 통화에서 "미국, 영국, 호주, 일본이 사이버 안보 위협에 능동적으로 대응할 수 있도록 사이버 방위법을 입법했다"라고 강조했다. 중국 해커, 러시아 해커 등이 미국 재무부를 침투했었던 사건부터 국내 금융망을 해킹했던 경과를 지켜보면, 개별 기업들의 대처도 중요하지만 국가적 차원에서 사이버 보안을 강화해나가야 하는 상황이라고 판단된다.

사이버 보안 사태는 과거에도 있었고 미래에도 있을 것이다. 미래에는 더욱 많아질 것이다. 제2의, 제3의 SKT 사태가 올 수도 있다. 중대한 국가적 과제라는 관점에서 접근해야 한다. 다시 반복되지 않도록 말이다. NATO 회원국들도 방위비를 2035년까지 증대하기로 발표했다. 더욱 구체적인 내용은 1부의 「01 지경학적 분절화의 시대」편을 참조하기 바란다. 직접 군사비와 간접 군사비로 구분했을 때 간접 군사비 안에 사이버 보안이 포함되어 있다. 한국은 디지털 기술을 확보해온 만큼에 상응하는 수준의 사이버 보안 역량을 갖추지 못하고 있다. 사이버 보안 인력을 양성하고, 사이버 보안 기술 R&D에 투자하고, 주요국들과 기술 교류를 추진하는 노력이 필요하다.

희토류 전쟁과 자원의 무기화

06

앙꼬가 없으면 찐빵도 없다. 아무리 유명한 요리사라도 소재 없이는 음식을 만들어낼 수 없다. 로봇은 반도체가 필요하고, 반도체는 희토류가 필요하다. 전기차는 배터리가 필요하고, 배터리는 리튬이 필요하다. 제아무리 세계 최대 반도체 회사라도, 제아무리 세계 최대 자동차 회사라도 소재 없이는 단 하나의 제품도 생산할 수 없다.

수십 년 동안 자원-소재-부품-생산장비-제조 등에 이르기까지 국제적으로 공급망이 분산되어왔다. 문제는 미국 및 우방국들의 주요 산업들이 중국의 자원에 전적으로 의존하는 형태로 변했다는 데 있다. 미중 패권 전쟁도 관세 전쟁, 기술 전쟁, 통화 전쟁, 환율 전쟁을 넘어서 이제는 자원 전쟁으로 치닫고 있다.

희토류 전쟁

미중 패권 전쟁이 2라운드에 접어들었다. 1라운드는 2018년 트럼프 1기 때 '관세 전쟁'의 형태로 전개되었고, 2라운드는 2025년 트럼프 2기에 들어서 '희토류 전쟁'의 형태로 변모하는 모습이다. 적어도 10라운드, 길게는 100라운드까지 갈 수 있는 패권 전쟁이라지만 2라운드에 들어서는 미국이 중국에 밀리는 모습이다. 중국의 희토류 공급 제한 조치가 강건했던 트럼프의 기세를 눌러놓는 듯했다.

희토류^{Rare Earth}는 미국 첨단산업에 필수 요소다. 희토류가 가지는 독특한 자기적 및 전기화학적 특성 때문에 합금이나 혼합 시 더 높은 효율성과 성능과 내구성을 발휘할 수 있다. 전기차, 스마트폰, 컴퓨터, 배터리, 반도체 등의 첨단 기술의 제품을 제조하는 데 필수적이다. 미국의 방위산업에서도 미사일, 레이더, 위성 등 첨단 무기 시스템의 핵심 부품으로 사용된다.

중국은 희토류 채굴 및 정제 영역에 있어서 독점적 영향력을 행사하고 있다. 트럼프 1기 때 2018년 미중 무역 전쟁이 시작한 이후로 중국은 패권 전쟁의 장기화에 지속적으로 대비해온 것으로 해석된

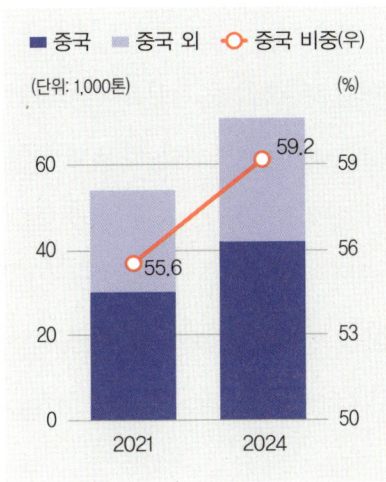
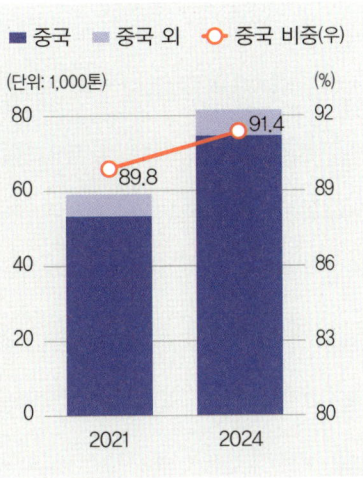

자료: IEA

다. 중국은 희토류 매장량이 풍부한 주요 개발도상국들로부터 광산을 매입하거나 채굴권을 확보하는 움직임을 지속해왔고, 59.2%에 달하는 채굴량으로 수준을 끌어올렸다. 더욱 중요한 것은 정제^{Refining} 영역이다. 세계 희토류 정제량에서 91.4% 수준에 달한다. 중국의 희토류 없이는 미국뿐만 아니라, 세계 대부분의 첨단산업 공장이 문을 닫아야만 하는 상황이다.

자원의 무기화

미국이 관세와 첨단 기술을 무기화할 때 중국은 자원을 무기화했다. 미중 양국의 패권 전쟁이 격화할수록, 미국은 첨단 기술 분야의 수출통제를 강화했다. 중국은 자원의 수출통제를 안보·통상 정책의 핵심 수단으로 활용해왔다. 미국은 반도체 등 첨단 기술의 수출통제에 역외적용까지 도입하는 등 정교하게 중국 기업들을 제재했다. 역외적용이란 미국산 기술이 들어간 외국산 제품도 미국의 수출규제를 따르게 하는 제도다.

중국은 2020년 수출통제법을 제정한 이후 핵심 광물 수출통제를 본격화했다. 특히 미국의 중국 기업에 대한 제재가 강화되거나, 대중국 관세를 높게 부과하는 등의 조처를 할 때마다 핵심 광물의 수출을 제한했다. 2025년 2월 텅스텐 등 5개 품목의 기술·자원 수출통제를 마련했고, 2025년 4월 디스프로슘 등 희토류 7종 수출통제를 발동시켰다. 텅스텐과 비스무트는 각각 세계 생산량의 82.7%, 81.3%를 장악하고 있을 만큼 압도적이다. 그 밖에도 텔루륨(76.5%), 인듐(70.4%), 몰리브덴(42.3%)이 세계시장을 점유하고 있다.

아프리카 일부 국가는 희토류 등의 광물자원이 풍부하지만 정제에 필요한 수자원이 부족하고 전력, 도로 등 기초 인프라도 부족하다. 이란의 경우 국제 제재 때문에 외국 기업이나 기술이 들어가기 어렵고, 시리아와 이라크는 내전, 테러, 분열된 정치 구조로 인해 희토류는커

중국 신규 수출통제 품목 생산 규모

품목	전 세계 (Mt)	중국			기타 생산 국가
		생산량(Mt)	순위	점유율(%)	
텅스텐	81,000	67,000	1	82.7	베트남(4.2), 러시아(2.5)
몰리브덴	260,000	110,000	1	42.3	페루(15.8), 칠레(14.6)
인듐	1,080	760	1	70.4	한국(16.7), 일본(5.6)
비스무트	16,000	13,000	1	81.3	라오스(6.9), 한국(6.3)
텔루륨	980	750	1	76.5	일본(7.1), 러시아(7.1)
희토류	390,000	270,000	1	39.2	미국(11.8), 미얀마(7.9)

자료: USGS, MCS(2025)

녕 기본 인프라조차 위태로운 상황이다. 브라질의 경우 매장량이 엄청나지만, 환경 규제가 엄격하고 정권이 자꾸 바뀌어 정책 일관성이 떨어지므로 전망이 어둡다. 베트남과 인도는 잠재력이 크지만, 아직 대규모 정제 시설과 독성 폐기물 처리 시스템이 부족하다.

중국은 자원을 무기화할 수 있는 특수성이 있다. 희토류 산업은 매장량이 풍부하고, 인건비가 저렴하며, 정치적으로 안정되어 있고, 전기·물·도로 등 기초 인프라가 갖춰져 있으며 환경오염에 대한 지역 사회의 반발이 적고 추진력이 강한 정권의 국가에서만 추진할 수 있다. 이러한 까다로운 조건을 모두 충족한 국가가 바로 중국이다. 정치적으로는 중앙집권적 통제력과 장기적인 정책 일관성을 갖추었으며, 환경 규제가 느슨하고 지역 주민의 반발이 억제되기 쉬운 체제 구조 덕분에 오염을 감수하면서도 대규모 생산을 밀어붙일 수 있었다. 여기에 값싼 노동력과 풍부한 인프라, 무엇보다 희토류를 소비하는 산업(전자·방산·배터리 등)을 동시에 육성하며 전후방 산업 생태계까지 구축했다. 이렇게 자원·기술·정치·사회·경제 모든 측면에서 희토류 산업의 전 과정을 자립적으로 소화할 수 있는 능력과 여건을 갖춘 유일한 국가였기에 중국이 세계 희토류 산업에서 압도적 1위로 올라설 수 있었던 것이다.

미국의 희토류 반격

미국이 희토류 독립을 선언했다. 2025년 7월 미국 정부가 자국 희토류 생산업체에 시장가격의 2배에 달하는 최소 가격을 보장하기로 했다. 전략물자로 분류되는 희토류 확보를 위해서다. 미중 무역 전쟁 중에 중국의 희토류 공급 제한 조치에 취약성이 드러났기 때문이다. 중국의 희토류 지배력에 대항하기 위해 독자적인 고가 가격 책정 시스템을 도입함으로써 투자가 유입되도록 한 것이다.

미 국방부는 희토류 채굴업체인 'MP머티리얼즈' 지분의 15%를 인수해 최대 주주가 되었다. 미국은 희토류 자원 매장량이 풍부하지만 희토류 분리 및 가공 기술은 중국에 크게 의존해왔다. 중국 의존도를 줄이고 자국 내 공급망을 강화하기 위해 중국이 정한 시장가격의 2배

미국 캘리포니아 마운틴패스에 있는 희토류 광산

자료: MP Materials

수준을 보장하고자 그 차액을 국방부가 지급한다는 방침이다. 이러한 움직임은 미국이 희토류의 독자적인 공급 체계를 갖는 것뿐만 아니라, 전반적인 희토류 가격을 끌어올림으로써 중국 외 기업들의 희토류 생산 참여를 유도할 수 있다.

2026년 자원 전쟁 전망과 대응전략

미국의 희토류 반격 카드는 희토류 공급망을 전환하는 발판이 될 것으로 판단한다. 희토류 공급가격을 높임으로써 주요국들이 보다 적극적으로 투자하고, 자원 개발 기업들이 사업에 뛰어들도록 유인할 것이다. 미국과 미국 우방국들이 중국으로부터의 자원의존도를 낮추기 위한 시도를 하는 데 자극제가 될 것으로 보인다. 다만, 이러한 공급망 재편은 원자재와 소재를 수요하는 업체들의 비용 부담을 가중시키고 인플레이션 압력으로 작용할 수 있다.

미국의 반격 카드에도 불구하고, 중국의 자원 공급망으로부터 독립하는 데는 상당한 시일이 걸릴 것이다. 서방 주요국들이 적극적으로 자원 개발사업을 확대하기 위해 경주한다 해도 중국 자체 수요와 중국 우방국 및 중국 관련 수요가 절대적으로 많은 비중을 차지하고 있기 때문에 규모의 경제 싸움에서 승리하기가 쉽지 않을 것이다. 특히 이윤 극대화를 추구하는 기업의 생태계를 고려했을 때, 저렴한 중국산 희토류 앞에서 미국의 반격 카드가 지속 가능하게 작용할 수 있을지는 의문이다. 물론, 미국이 중국산 희토류 등의 자원을 조달받지 않도록 하는 특단의 경제제재를 가할 가능성도 배제할 수 없다. 하지만 그럴수록 주요 첨단산업의 가격 경쟁력에서 중국산에 밀리기 때문에 쉬운 선택일 수 없다.

자원 전쟁 시대에는 무엇보다 자원 안보가 필요하다. 지경학적으로 분절화가 전개되고 있다는 점에서 자원을 안정적으로 수급하는 독자적인 공급망을 확보하는 것은 더욱 중대한 일이 될 것이다. 특히 미중 패권 전쟁이 격화됨에 따라 중국으로부터 자원 수급을 제재하는 일이 발생하거나, 중국이 일방적으로 자원 공급을 차단하는 일이 반복될 수 있다. 미국 내 자원 개발사업에 투자하고, 그 밖의 주요 자원 강국과의 파트너십을 강화하며, 국내 자원 및 제조기업들이 해외 개발권을 매입할 수 있도록 하는 지원책을 마련해야 한다. 아무리 첨단화된 반도체와 차세대 배터리도 자원 없이는 그림의 떡이요, 물 위의 물거품일 뿐이다.

희토류 Rare Earth

1. 희토류의 정의

희토류는 17가지 원소의 총칭으로 특유의 전기적, 자기적, 광학적 특성 때문에 다양한 첨단 기술 제품의 제조에 필수적이다. 희토류는 총 17가지 원소를 일컫는 말로, 주기율표상 원자번호 57번 란타넘(La)부터 71번 루테튬(Lu)까지의 원소들과 스칸듐(Sc), 이트륨(Y)을 포함한다.

2. 희토류의 종류

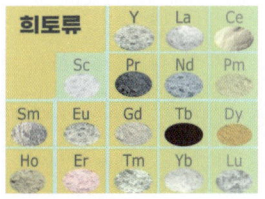

- **란타널족 원소:** 란타넘(La), 세륨(Ce), 프라세오디뮴(Pr), 네오디뮴(Nd), 프로메튬(Pm), 사마륨(Sm), 유로퓸(Eu), 가돌리늄(Gd), 터븀(Tb), 디스프로슘(Dy), 홀뮴(Ho), 에르븀(Er), 툴륨(Tm), 이터븀(Yb), 루테튬(Lu)

- **기타 희토류:** 스칸듐(Sc), 이트륨(Y)

3. 희토류의 특징
- **화학적 안정성:** 건조한 환경에서 안정적이며 산화나 부식이 잘 되지 않는다.
- **열전도성:** 열을 잘 전달하여 반도체, 촉매, 배터리 등에 활용된다.
- **자기적 특성:** 강한 자성을 띄어 영구자석, 모터 등에 활용된다.
- **형광 특성:** 빛을 흡수하여 특정 파장의 빛을 방출하여 디스플레이, 형광등 등에 활용된다.

4. 희토류의 용도
- **첨단 전자제품:** 스마트폰, 컴퓨터, TV 등 디스플레이, 반도체, 배터리에 사용된다.
- **영구자석:** 전기차 모터, 풍력발전기 등에 사용된다.
- **촉매:** 자동차 배기가스 정화 촉매, 석유화학 촉매 등에 사용된다.
- **형광체:** LED 조명, 디스플레이 등에 사용된다.
- **의료 분야:** MRI, CT 스캔 등 영상 진단 장비에 사용된다.

5. 희토류의 중요성
희토류는 현대 기술 사회에서 필수적인 소재로, 첨단 기술 제품의 핵심 부품으로 사용된다. 특히 전기차, 풍력발전, 디스플레이 등 친환경 기술 및 미래산업 발전에 중요한 역할을 한다. 희토류의 안정적인 확보와 공급망 관리가 중요하며, 자원 확보 경쟁이 심화되고 있다.

4부

2026년 경제전망과 대응전략

2026년
세계 경제전망

01

세계 경제가 아슬아슬하다. 줄을 타고 건너고 있지만 금방이라도 끊어질 듯 불안하다. IMF는 경제전망 보고서[1]를 발표하면서, "Tenuous Resilience Amid Persistent Uncertainty"라는 부제를 사용해 2025년과 2026년 동안 세계 경제의 불확실성이 지속되는 가운데 경제 흐름이 불안하다고 표현했다. 세계 은행은 "Global Economy Faces Trade-Related Headwinds"라고 총평하면서, 세계 경제가 무역과 관련한 역풍에 직면했다고 평가했다.[2] OECD는

---

[1] IMF(2025.7), 「World Economic Outlook Update」
[2] World Bank(2025.6), 「Global Economic Prospects」

끊어질 듯 취약한 세계 경제

자료: IMF.
(삽화는 2025년 7월 IMF가 경제전망 보고서를 발표할 때 홈페이지에 게시한 그림)

"Tackling Uncertainty, Reviving Growth"라는 부제를 사용해 세계 경제가 불확실성과 씨름하고 있다고 진단했다.[3]

2025년 트럼프 2기 행정부가 관세 전쟁에 시동을 걸고, 세계 주요국에 미국 내 투자를 약속받았다. 2026년 세계 주요국들은 자국 산

---

3 OECD(2025.6), 「OECD Economic Outlook」

업을 위한 보호무역 조치를 강화하고, 브릭스BRICs 국가들끼리 연대를 강화하거나 공동 대응을 준비할 것이다. 세계화가 멈춰 서고 지경학적 분절화가 전개되고 있다. 그래서 본서는 2026년 경제를 분절점 Point of Fragmentation에 비유했다. 지구를 구성하는 퍼즐들이 산산이 조각나면서 흩어지는 듯하다. 지경학적 분절화는 불확실성을 고조시키고, 경제주체들의 대응에도 복잡한 셈법이 필요해진다.

2026년 세계 경제전망

IMF는 2026년 세계 경제성장률을 3.1%로 전망했다. 2025년의 성장률 3.0%보다 높다고는 할 수 있으나 도토리 키 재기일 뿐, 매우 더디고 미약한 경기 흐름임에는 틀림없다. 과거 10년 동안의 장기 세계 경제성장률이 3.7% 수준이었음을 참작하면, 2022년~2026년은 '저성장 고착화'라는 불황의 늪에서 빠져나오지 못한 상황이라고 볼 수 있다. 특히 지정학적 불확실성이 부정적으로 전개될 경우에 세계 경제는 더욱 어려워질 것이다.

2020년 팬데믹의 충격에서 벗어나기 위해 막대한 유동성을 공급했고, 그 부작용으로 2021년 하반기 인플레이션 현상이 나타나기 시작했다. 2022년 러시아의 우크라이나 침공으로 공급 대란이 발생했고, 인플레이션의 불에 기름을 부었다. 2022년 중반 세계 경제는 41년

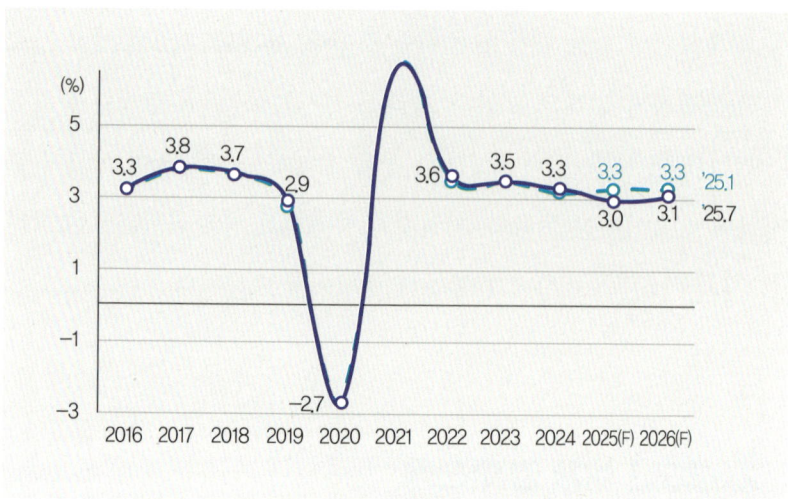

자료 : IMF(2025.7), 「World Economic Outlook update」
(2025년 1월 전망은 점선으로, 2025년 7월 전망은 실선으로 표시)

만에 찾아온 초인플레이션이 발생했고, 2024년 중반까지 강한 금리 인상과 유동성 축소라는 고강도 긴축의 시대에 놓였다. 세계 경제는 2022년~2024년까지 고물가와 고금리의 강한 하방 압력을 받았고, 2025년 들어 관세 전쟁이라는 새로운 하방 압력이 등장했다. 2026년 세계 각국은 중립금리 수준으로 기준금리를 인하하고 유동성 정책을 가동하지만 수출 및 설비투자 감소로 뚜렷한 경기회복세를 만나기는 쉽지 않을 전망이다.

국제기구들은 공통적으로 세계 경제가 저성장에 갇혀 있음을 경고하고 있다. 2025년 세계 경제가 극단적인 불확실성과 경기 둔화 압력에 놓였었음에도 아직까지 뚜렷하게 반등할 만한 여건이 조성되지 않고 있다.

OECD는 세계 경제성장률이 2025년에 이어 2026년에도 2.9% 수준으로 유지될 것으로 전망했다. 트럼프 대통령의 관세 전쟁으로 포문을 연 무역정책의 불확실성은 2026년에 더욱 확산될 가능성이 있다. OECD는 불확실성을 뚫고 항해Steering through Uncertainty를 해야 함을 강조한 바 있다.[4] 이에 따라 세계 주요국들은 비관세 무역 장벽을 확대하거나 관세를 점차 올리는 방향으로 움직일 가능성이 높다. 인플레이션이 점차 완화되고 기준금리를 인하하는 단계에 진입했음에도 불구하고, 뚜렷한 회복세가 나타나기 어려울 것으로 보인다.

"오늘날 세계 경제는 격동에 빠져 있다The world economy today is running into turbulence." 세계은행의 공식 진단이다.[5] 세계은행[6]은 2024년 2.8%, 2025년 2.3%에서 2026년 2.4%로 세계 경제성장률이 완만하게 상승할 것으로 전망했다. 2025년 경제가 유독 억눌려서이지 2026년 세계 경제가 딱히 성장하는 것으로 내다보지는 않고 있다. 2025년 대비 기저효과에 따른 반등이 있음에도 2.4% 수준으로 전망한다는 것은 그

---

4 OECD(2025.3), 「OECD Economic Outlook, Interim Report」

5 World Bank(2025.6), 「Global Economic Prospects」

6 IMF와 OECD는 세계 GDP를 추계할 때 구매력평가(PPP) 기준을 사용하는 반면, 세계은행은 경제성장률을 계산할 때 시장환율 기준을 사용한다. 세계은행의 경제성장률을 바탕으로 추세를 이해하는 데 참조하는 것은 좋으나, IMF나 OECD 등과 같은 다른 기관의 성장률을 비교하는 데는 주의가 필요하다.

동안 쌓인 피로가 마치 만성피로처럼 나타날 것으로 보는 것이다.

WTO(세계무역기구)[7]는 "역사적으로 높은 관세와 무역정책의 불확실성이 세계 무역을 강타하고 있다Historically high tariffs and trade policy uncertainty expected to hit world trade"라고 강조했다. 2021년~2024년까지 2.8% 이상으로 세계 경제가 성장했다면, 2025년과 2026년 각각 2.2%, 2.4% 수준으로 둔화할 것으로 전망했다. 보호무역주의가 얼마나 확산하는지에 따라 국제무역량은 추가 조정을 받을 것으로 보인다.

주요 국제기구의 2026년 세계 경제전망 비교

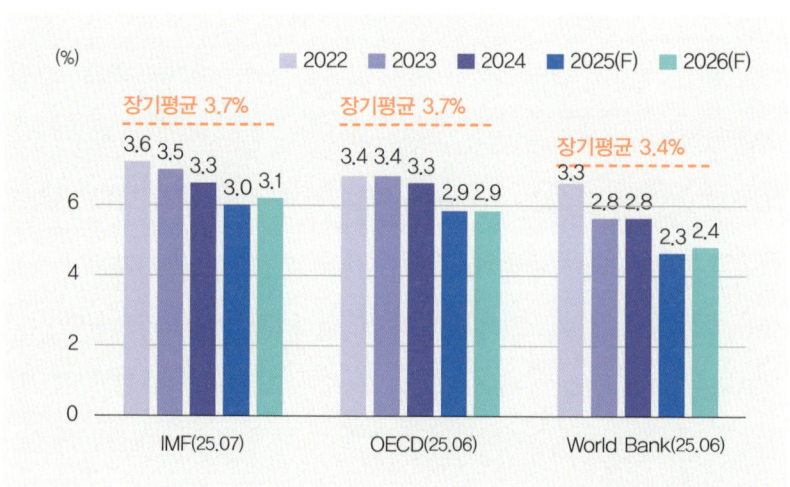

자료: IMF, OECD, World Bank
(IMF와 OECD는 세계 GDP를 추계할 때 구매력평가(PPP) 기준을 사용하는 반면, 세계은행은 경제성장률을 계산할 때 시장환율 기준을 사용한다. 세계은행의 경제성장률을 바탕으로 추세를 이해하는 데 참조하는 것은 좋으나, IMF나 OECD 등과 같은 다른 기관의 성장률을 비교하는 데는 주의가 필요하다.)

---

7 WTO(2025.4), 「Global Trade Outlook and Statistics」

2026년 주요국별 전망

2025년 세계 경제가 저성장의 늪에 빠진 이후 2026년에도 벗어나지 못할 것으로 전망된다. 주요국별로 살펴보자. 미국은 2025년~2026년 점차 성장둔화를 경험할 것으로 전망한다. 잠재성장률을 크게 밑돌지 않는 연착률 상태인 이른바 '소프트랜딩soft lending'에 비유될 만하다. 관세정책의 부메랑으로 일부 유통·물류망이 구조조정되고, 정부 효율화 정책의 영향으로 공무원 및 공공 일자리가 축소될 것이다. 다만 트럼프 행정부가 중간선거를 앞두고 막대한 재정을 투입함으로써 유동성의 힘으로 경기부양 효과가 나타날 것이다. 세계 주요국들로부터 막대한 규모의 투자를 약속받은 만큼, 2026년에는 신규 설비투자가 증가하고 고용 회복에 도움이 될 것으로 판단된다. 통화정책 관점에서는 중립금리를 향해 점진적으로 기준금리를 인하하겠고, 이는 경기순환에 긍정적으로 기여할 것으로 보인다.

유로존의 경우, 극심한 경기침체 국면에서 벗어나 회복세를 만날 것으로 전망한다. 2023년~2024년 동안 2년 연속 제로성장을 지냈던 유로존은 2025년~2026년 점차 회복하겠지만 그 정도가 매우 미진할 것이다. 2022년, 러시아에 대한 경제제재를 가하면서 러시아에 대한 자원의존도가 높던 유럽은 초인플레이션을 겪게 되었다. 극심한 에너지 위기Energy Crisis와 생활비 위기Cost-of-Living Crisis를 겪으면서 민생경제가 피폐해졌고, 물가 안정을 위해 도입한 고금리의 부담이 숨을

턱턱 막히게 했다. 2025년 들어 인플레이션이 완화되고 점진적인 기준금리 인하를 단행하면서 점차 숨통이 트일 것으로 보인다. 2026년에는 고물가와 고금리의 짐에서 상당한 수준 벗어날 것이지만, 중국의 기술 추격과 미국의 보호무역 조치에 힘겨운 여정을 겪을 것으로 보인다.

일본은 2022년~2023년 상대적으로 물가 상승 압력이 높지 않았고, 오히려 글로벌 인플레이션 덕분에 디플레이션의 늪에서 빠져나오는 '얼어걸린' 모습이었다. 따라서 일본은 통화정책을 긴축적으로 운용할 필요가 상대적으로 적었다고 평가된다. 2024년까지는 일본의 물가가 자연스럽게 정상적인 수준으로 돌아왔기 때문에, 경기부양에만 집중하면서 통화정책을 유지할 수 있었다. 2024년 3월 일본 중앙은행 BOJ; Bank of Japan은 정책금리를 인상했다. 2007년 이후 17년 만의 금리인상이었으며, 8년 만에 마이너스 금리 시대를 마치게 된 것이다. 최근 8년 동안 -0.1%의 정책금리를 운용해왔으나 2024년 3월 0%로 어렵게 인상했다. 이어서 2024년 7월 0.25%로, 2025년 1월 0.5%로 인상해 금리 정상화의 여정을 지속하고 있다. 목표대로라면 1.0%~1.5% 수준으로 올려놓고 싶지만 경기 둔화와 디플레이션 재진입 우려로 쉬운 여건이 아니다. 일본 경제는 2023년에 일시적으로 성장세를 보이는 듯했으나 2024년 0.2%, 2025년 0.7%, 2026년 0.5% 수준으로 다시 저성장의 고리에 놓이게 될 것으로 전망된다.

중국은 구조적으로 중성장화가 전개되고 있다. 과거의 10%대 고성장기를 지나 5%대 중성장기에 진입했고, 장기적으로 3%대를 향해 점차 성장이 둔화하는 국면이다. 인구 감소와 미중 패권 전쟁과 같은 구조적인 문제에 직면한 중국은 당분간 강한 회복을 기대하기 어려울 것으로 분석된다. 더욱이, 2023년~2025년 동안 심각한 부동산 경기침체를 겪으면서 부동산 개발업체들의 부실이 확산했고, 부동산 관련 산업에 대한 의존도가 높은 중국 경제는 하방 압력이 커질 수밖에 없다. 부동산 관련 산업 등의 구경제는 아무리 유동성을 주입해도

IMF의 2026년 주요국별 경제전망

(%)

		2020년	2021년	2022년	2023년	2024년	2026년 (F)	2026년 (F)
세계 경제성장률		-2.7	6.6	3.6	3.5	3.3	3.0	3.1
	선진국	-4.0	6.0	2.9	1.8	1.8	1.5	1.6
	미국	-2.2	6.1	2.5	2.9	2.8	1.9	2.0
	유로지역	-6.0	6.3	3.5	0.5	0.9	1.0	1.2
	일본	-4.2	2.7	0.9	1.4	0.2	0.7	0.5
	신흥개도국	-1.7	7.0	4.1	4.7	4.3	4.1	4.0
	중국	2.2	8.5	3.0	5.4	5.0	4.8	4.2
	인도	-5.8	9.7	7.0	9.2	6.5	6.4	6.4
	브라질	-3.3	4.8	3.0	3.2	3.4	2.3	2.1
	러시아	-2.7	6.0	-1.2	4.1	4.3	0.9	1.0
	ASEAN-5	-4.4	4.1	5.5	4.1	4.6	4.1	4.1
세계 교역 증가율		-8.4	10.9	5.8	1.0	3.5	2.6	1.9

자료: IMF(2025.7.) 「World Economic Outlook Update」
(ASEAN-5는 인도네시아, 말레이시아, 필리핀, 태국, 베트남을 가리킴)

회복의 기미가 나타나지 않고, 구조조정이 진행되는 등 어려운 여건에서 벗어나기 힘들 것이다. 그러나 로봇, AI, 전기차, 배터리, 반도체 등과 같은 신성장 산업들을 중심으로 구성된 신경제는 세계 주요국들을 위협할 만큼 강한 성장세를 지속할 것으로 전망된다.

2026년 한국 경제전망과 대응전략   02

지경학적 분절화와 한국 경제

리스크와의 싸움이 시작되었다. 바로 지정학적 리스크다. 마치 농사짓는 사람이 홍수와 싸움해야 하고, 집을 짓는 사람이 지진을 이겨내야 하는 상황과 비슷하다. 세계화의 시대가 가고, 지경학적 분절화의 시대가 왔다. 지경학은 경제적 수단, 즉 무역정책, 경제정책, 경제제재 등을 사용하여 정치적 목표를 달성하는 현상을 의미한다. 지정학Geopolitics이 지리적 요인을 기반으로 정치적 목적을 달성하는 것과 달리, 지경학은 경제를 무기로 삼아 국가 간의 패권 전쟁을 벌이는 것을 뜻한다.

세계 경제가 뒤틀리고 있다. 먼저, 공간적으로는 잘 맞추어진 지구본 퍼즐이 흩어져 파편화되고 있다. 세계 주요국들이 이념을 뒤로하고 실리적으로 협력할 국가들과 연대하고 있다. 한편, 시간의 이동을 고려했을 때 2025년과 2026년이 극명하게 구분되는 모습이다. 시공간적으로 세계 경제는 분절화되고 있다. 본서가 2026년 경제를 분절점 Point of Fragmentation이라고 명명한 이유다.

과거 식민지 시대가 있었다. 특정 국가가 경제적·정치적 이익을 위해 다른 국가를 지배했고, 이를 식민지 colony라 했다. 영국, 프랑스, 독

파편화되는 지구본 퍼즐

자료: ChatGPT

일, 일본 등의 강대국들이 약소국을 착취했다. 지배국이 식민지에서 자원과 노동을 강제로 빼앗아 갔다. 영국은 인도에서 대규모 토지조사를 실시해 현지인의 토지를 빼앗았고, 일본은 조선에 허가제였던 회사령을 폐지해 일본 자본이 손쉽게 진출하도록 했다. 현대적 의미의 식민지는 대부분 독립했지만 새로운 약탈이 시작되었다.

이제는 약탈 경제가 왔다. 자유무역과 세계화의 흐름이 멈춰 섰다. 약육강식과 식민지 시대로 회귀됐다. 2025년 8월 7일, 트럼프 대통령의 행정명령으로 상호관세reciprocal tariff가 공식 발효되었다. 트럼프는 상호관세라 명하지만, 80억 인구는 일방관세unilateral tariff라 명한다. 뉴욕타임스는 트럼프가 관세를 무기 삼아 수십억 달러의 투자를 약속받는 '수금 외교'를 벌이고 있다고 보도했다. 강대국이 상대적 약소국에 글로벌 갈취global shakedown를 단행하는 것이다. 상호관세 발효로 세계 경제는 구조적으로 변모하기 시작했다. 그렇다면 상호관세는 국내외 경제에 어떤 변화를 불러올까?

첫째, 세계 경제가 저성장 고착화할 전망이다. 미국의 상호관세율은 평균 18.4%에 달한다. 품목별 관세 등을 고려하면 미국의 실효관세율은 그 이상이다. 세계 주요국들은 미국의 높은 관세장벽으로 수출길이 막힐 것이다. 그로 인해 각국 기업들의 공장 가동이 감소하고, 원자재와 부품 수요가 줄어들 것이다. 2022~2024년 세계 경제는 초인플레이션을 만났고, 이에 대응하기 위해 주요국들은 기준금리를 대폭 인상하는 긴축적 통화정책을 도입한 터였다. 2025년 역시 경기 둔화를 피할 수 없었던 국면에서, 미국발 극단적 보호무역주의가 또 다른 경기 하방 압력으로 작용하게 되었다.

둘째, 글로벌 공급망 재편이 본격화할 것이다. 세계 각국은 대미 수출 감소를 피할 수 없으므로 새로운 판로를 개척할 수밖에 없다. 중국과 멕시코산 철강이 대미 수출에 제약이 걸려 20% 할인된 가격으로 유럽에 공급하기 시작한 것이 대표적인 사례다. 러우 전쟁 당시에도 미국과 서방 유럽 국가들은 러시아에 경제제재를 가했지만, 중국과 인도가 러시아산 원유의 47%, 38%를 각각 사들였다. 중국과 인도는 저렴한 에너지 공급처를 만난 것이고, 러시아는 돈줄을 만난 것이

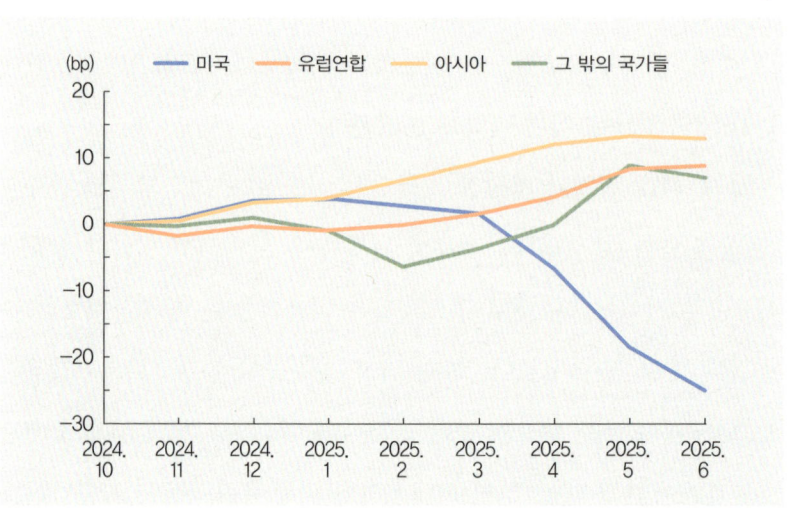

중국의 대상국별 수출 증감률

자료 : IMF(2025.7), 「World Economic Outlook Update」
(수출 증감률은 누적 수출액(Cumulative Export) 기준)

다. 브릭스^{BRICs} 국가들은 미국의 조치에 적극적으로 공동 대응을 모색할 것이다. 아시아, 북남미, 유럽 주요국들이 미국에 저항하기보다 살길을 모색하기 위해 연대를 강화하고, 이에 글로벌 공급망의 재편이 이루어질 것이다. 실제로 2025년 4월 들어 중국의 대미 수출이 줄곧 감소세로 전환했지만, 유럽, 아시아 등 미국을 제외한 대세계 수출로 대체되고 있다.

셋째, 한국 경제는 내·외수 동반 부진을 피할 수 없다. 수출 감소는 수출기업들의 생산 활동 둔화로 이어진다. 주력산업의 주요 기업들이 3,500억 달러의 대규모 미국 투자를 약속한 만큼, 국내 투자 계획은 재고될 수밖에 없다. 이는 국내 설비투자 감소와 생산량 축소로 이어지고, 원자재나 부품 공급업자들의 매출 축소로 이어진다. 따라서 노동시장의 구조조정을 불러오고, 내수 충격을 감수해야만 한다. '투자→고용→소득→소비'로 이어지는 내수 경기 악순환으로 이어질까 우려된다.

2026년 한국 경제전망

2026년 한국 경제에 변수로 작용할 하방 압력은 지정학적 리스크다. 지정학적 불안과 긴장감은 한국의 대외 거래에 영향을 줄 뿐 아니라, 기업의 투자심리와 가계의 소비심리에도 직간접적 영향을 준다. 우크라이나 전쟁, 중동 분쟁과 같은 지정학적 불안의 정도에 따라 경제 여건이 달라질 것이고, 트럼프 대통령의 관세 전쟁이나 미중 패권 전쟁이 격해질 수도 있다.

2026년 한국 경제전망은 다음과 같은 3가지 시나리오를 전제로 하겠다. 지정학적 리스크가 더 고조될 것인지, 지금과 같은 수준에서 유지될 것인지, 아니면 완화 혹은 해소될 것인지에 따라 다른 흐름이 전개될 것으로 보인다.

2026년 한국 경제전망에 대한 전제

시나리오	전제 조건	상세 내용(2026년 말 기준)
중립적 시나리오 (기준 시나리오)	지정학적 리스크 지속 관세 전쟁 및 미중 패권 전쟁 지속	미국 평균 관세율 18% 유지 대(對)한국 평균 관세율 16% 유지
낙관적 시나리오	지정학적 리스크 완화 관세 전쟁 및 미중 패권 전쟁 완화	미국 평균 관세율 15%로 하락 대(對)한국 평균 관세율 10%로 하락
비관적 시나리오	지정학적 리스크 고조 관세 전쟁 및 미중 패권 전쟁 격화	미국 평균 관세율 20%로 상승 대(對)한국 평균 관세율 20%로 상승

첫째, 중립적인 전제를 담은 기준 시나리오를 가정했을 때 2026년 한국 경제는 1.5% 성장에 그칠 것으로 전망한다. 2025년에 한국 경

제가 이례적으로 저성장했고, 기저효과[1]에 따라 부풀려진 숫자임을 감안해야 한다. 그런데도 한국은 잠재성장률을 밑도는 저성장의 고리에 던져져 있는 듯하다. 2026년까지 지정학적 리스크가 지속될 것이라고 전제했다. 관세 전쟁과 미중 패권 전쟁도 현재 수준을 유지할 것이라고 가정했다. 즉 미국의 평균 관세율은 2026년까지 18% 수준을 유지하고, 대對한국 평균 관세율도 16% 수준을 유지할 것으로 조건을 상정했다. 미국과 중국의 무역 분쟁으로 인해 대미 수출뿐만 아니라 대중 수출에도 어려움이 있겠다. 더욱이 대미 투자를 약속한 상황에서 기업들이 국내 투자를 확대하기란 쉽지 않아 보인다. 물가상승률은 점차 2% 이하로 내려오지만, 여전히 물가 자체는 높게 오른 채 더 오르기만 할 것이다.[2] 2025년보다는 경제지표들이 다소 개선세를 나타내는 듯하지만, 숫자와 현실은 상당한 괴리가 있을 것이다.

둘째, 낙관적인 시나리오에서는 2026년 한국 경제가 2.2% 수준의

---

[1] 기저효과(Base Effect)는 경제지표를 평가하는 과정에서 기준 시점과 비교 시점의 상대적인 수치에 따라 결과에 큰 차이가 나타나는 현상을 가리킨다. 즉 불황기의 경제 상황을 기준 시점으로 비교하면 경제지표가 실제보다 많이 부풀려져 나타날 수 있다. 기저효과는 광의의 이미로 저점(Low Base)과 비교해 부풀려지게 나타나는 경우와 고점(High Base)과 비교해 축소되어 나타나는 경우를 모두 포괄한다. 그러나 협의의 의미의 기지효과는 전자의 경우로 한정해 Low Base Effect를 주로 의미하고, 후자를 역기저효과(High Base Effect)라고 표현한다.

[2] 물가 안정은 물가상승률이 각국 중앙은행의 목표물가 범위(한국의 경우 2%)에 놓였을 때로 정의한다. 즉 물가 안정은 물가상승률이 떨어지는 것을 의미하지, 물가가 떨어지는 것을 뜻하지 않는다. 한국 경제사에서 물가가 전년보다 떨어진 적은 단 한번도 없었다. 예를 들어 물가는 100원, 200원, 300원으로 계속 오르지만, 물가상승률은 100%, 50%로 떨어질 수 있다.

성장을 이룰 것으로 전망한다. 2025년 한 해 대외 경제 여건을 억눌렀던 지정학적 리스크가 2026년에는 다소 완화될 것이라고 가정했다. 미중 패권 전쟁의 소재는 매우 장기적인 경제적 변수이겠지만, 그 정도가 격화되거나 다소 완화되는 국면이냐에 따라 다를 것이다. 기준 시나리오에 비해 미국의 평균 관세율이 15%로 하락하고, 대한국 평균 관세율도 16%로 떨어질 경우 수출 여건이 크게 개선될 것이다. 이 경우 세계 주요국들도 보호무역 조치를 다소 완화하고, 세계 교역량이 증가할 것이다. 2025년부터 본격적으로 시동을 걸었던 세계 주요국들의 확장 재정 및 유동성 확대가 마중물 역할을 하면서 자본시장에도 활력이 돌 것이라고 판단된다.

셋째, 비관적인 시나리오에서는 2026년 한국 경제성장률이 0.9% 수준에 머무를 것으로 전망한다. 기준 시나리오에 비해 미국의 평균 관세율이 20%로 상승하고, 대한국 평균 관세율도 20%로 상승할 것으로 전제했다. 지정학적 불안이 고조되고, 전 세계적으로 보호무역주의가 확산할 수 있다. 이 경우 세계 교역량이 감소하고, 글로벌 기업들의 신규 투자가 제약된다. 한국의 대미 수출뿐만 아니라, 총수출 자체가 둔화하게 된다. 막대한 재정을 투입하고, 완화적 통화정책을 단행해도 경기부양 효과가 채 나타나지 않는, 이른바 유동성 함정에 빠진다. 글로벌 교역환경은 악화되고, 무역의존도가 높은 한국 경제는 더욱 취약하게 흔들릴 수 있다. 세계 주요국들이 기준금리를 적극적으로 인하한다고 하더라도 기업들의 투자심리가 얼어붙게 되고

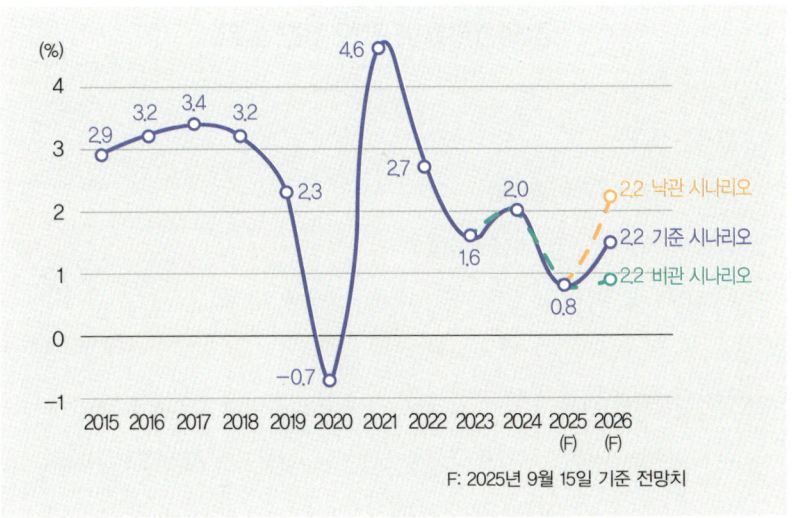

내·외수 경제가 동반 침체하는 악순환이 나타날 것으로 전망한다.

2026년
부문별 한국 경제전망

2026년 한국 경제가 부문별로 어떻게 전개될 것인지를 주목할 만하다. 경제를 구성하는 주요 부문인 소비, 투자, 수출에 걸쳐 고물가 고금리의 하방 압력이 있을 것으로 보인다. 주요 부문별로 상세히 들여다보자. 부문별 전망치는 기준 시나리오를 전제로 한다.

경제성장률에 관한 기초 설명

경제 = GDP

경제성장률 = GDP 증가율

경제 = GDP = C + I + G + netEx

(C는 소비, I는 투자, G는 정부 지출, netEx는 순수출을 의미함)

경제성장률은 경제 규모^{GDP}가 전년 경제 규모에 비해 얼마나 증가했는지를 보여주는 지표다. 경제를 구성하는 항목이 소비(C), 투자(I), 정부 지출(G), 순수출(netEx)이기 때문에 경제성장률은 C, I, G, netEx의 (가중)평균적인 증가율이 된다. 투자(I)는 건설투자, 설비투자, 지식재산생산물투자로 구분되나, 지식재산생산물투자는 비중이 미미하여 전망의 대상에서 제외한다. 정부 지출도 유사한 이유로 전망의 대상에서 제외한다. 국내외 주요 연구기관들도 같은 방법을 취한다.

(1) 소비

2026년에도 소비가 완만한 반등을 보일 것으로 전망한다. 물가상승률은 2% 수준으로 둔화하지만 '물가상승률'이 떨어지는 것이지, '물가'가 떨어지는 것이 아니다. 이미 과도하게 올라간 물가에서 추가로 2% 정도 올라가니 소비에 부담을 느낀다. 2022년~2025년의 경우 소득이 크게 늘어나지도 않은 상태에서 물가 부담과 이자 상환 부담이 실질소득(실질 가처분소득)을 감소하게 만들었던 반면, 2026년에는 물가상승률이 1.9%로 떨어짐에 따라 실질소득이 다소 증가하며 소비 여력을 증대시킬 것으로 보인다. 자산가치가 오르는 국면이기 때문에 자산가들이 백화점 명품 숍 앞에 줄이 길게 늘어져 있다거나, 고급 수입차 판매가 늘어나는 현상은 나타날 수 있다. 하지만 중산층이나 저소득층의 삶은 여전히 팍팍하다고 느껴질 만하다.

유동성의 힘이 소비 증진에 기여할 것으로 판단한다. 정부의 확장적 재정정책[3]으로 소비 증진 효과가 나타날 것으로 보인다. 기획재정부는 2026년 728조 원의 재정지출을 계획[4]했고, 이는 전년 대비 8.1% 증액한 규모다. 더욱이 통화정책 관점에서도 한국은행이 2% 수준의 중립금리를 향해 기준금리를 점진적으로 인하해나갈 것이기 때문에 국민경제의 이자 상환 부담이 경감될 것으로 판단된다. 물론 국내 기업들이 대규모 미국 투자를 약속하고, 높은 관세율로 수출 장벽이 높아진 상황에서 설비투자나 수출이 큰 폭으로 늘기 어렵기 때문에 낙수효과[5]

---

[3] 기획재정부(2025.8.29.) 2026년 예산안

[4] 2025년 8월 29일 국무회의를 거쳐 국회에 제출되었다. 12월 전후로 국회 확정된 예산이 발표될 것이다. 통상적으로는 국회 확정되는 과정에서 1~2조 원 수준의 예산 규모 조정과 부문별 예산 배분 조정이 있지만, 기획재정부의 예산안에서 크게 변화하지는 않는다.

[5] 낙수효과(Trickle Down)란 정부가 투자 증대를 통해 대기업과 부유층의 부(富)를 먼저 늘려주면 경기가 부양돼 결국 중소기업과 저소득층에게 혜택이 돌아감은 물론이고, 결국 총체적인 국가의 경기를 자극해 경제 발전과 국민 복지가 향상된다는 이론이다.

를 기대하기란 쉽지 않다. 민간 소비 증가율이 2024년 1.1%, 2025년 1.6% 수준에 이어서 2026년에도 잠재성장률(약 2%)을 밑도는 1%대를 지속할 것으로 전망한다.

(2) 투자

2026년 투자는 상당히 미진할 것으로 전망한다. 건설투자의 경우, 장기침체에서 벗어날 것으로 보인다. 2021년~2025년까지 5년 연속 건설투자는 마이너스를 지속했고, 한국 경제의 성장에 걸림돌로 작용했다. 정부는 서울 부동산 시장의 과열을 막기 위해 공급 대책을 추진하고, 'AI 고속도로'와 '에너지 고속도로' 사업을 중심으로 인프라 투자를 집중할 계획이다. 지방 미분양 주택 해소를 위한 부동산 정책 기조와 기준금리 인하 추세가 2026년 건설투자 회복세를 견인할 것으로 판단된다.

설비투자는 크게 위축될 것으로 전망한다. 2022년~2024년 금리 인상기에는 기업들이 신규 투자를 단행하기 부담스러운 상황이었지만, 2025년~2026년 금리인하기에는 신규투자가 유인될 만한 환경으로 평가된다. 예를 들어 기업의 대출금리가 5%라고 가정해보자. 3% 수익률이 기대되는 신사업에 진출하기 어려울 것이다. 그렇다면 이제 금리가 1%로 떨어졌다고 가정해보자. 3% 수익률도 매력적인 사업이 될 수 있다. 기업들의 신규 투자는 크게 생산설비 투자Equipment Investment, 구조물 투자Structures Investment, 인수합병M&A으로 구분되는

데, 실제로 2022년~2024년 동안 급감한 바 있다. 그러나 조선업, 반도체, 철강, 자동차 등의 주력산업에 걸쳐 대규모 미국 현지 투자를 계획하고 있는 상황에서 국내 설비투자를 의미 있는 수준으로 증대시키기에는 한계가 있다.

(3) 수출

2026년 수출이 크게 둔화할 것으로 전망한다. 글로벌 경제에 지정학적 불안이 고조되고, 보호무역주의가 강해짐에 따라 기업의 수출 환경이 냉랭해질 것으로 보인다. 미국이 글로벌 밸류체인을 국내로 유인하고자 하는 자국 우선주의는 한국의 대미 직접수출뿐만 아니라 주요 신흥국들을 통한 간접수출에도 제약 요인으로 작용할 것이다. 미국뿐만 아니라 세계 각국이 자국의 산업을 보호하기 위해 무역 장벽을 높이는 추세가 수출에 걸림돌로 작용할 것으로 우려된다. 수출 둔화는 국내 제조업 생산량 감소와 신규 설비투자 감소로 이어질 것이기 때문에, 앞서 분석한 내·외수 동반 부진을 야기할 것으로 판단된다.

한국의 수출은 글로벌 교역량의 흐름과 동행해서 움직인다. IMF는 세계 교역량이 2024년 3.5%에서 2025년과 2026년 각각 2.6%, 1.9%로 둔화할 것으로 전망했다.[6] WTO는 세계 무역정책의 불확실성이 부

---

6 IMF(2025.7), 「World Economic Outlook update」

2026년 부문별 한국 경제전망

(%, 만 명)

구분		2019년	2020년	2021년	2022년	2023년	2024년	2024년 (F)	2024년 (F)
경제성장률(%)		2.3	-0.7	4.6	2.7	1.6	2.0	0.9	1.5
	민간소비(%)	2.4	-4.6	3.7	4.2	2.0	1.1	1.4	1.6
	설비투자(%)	-6.3	4.3	10.2	-0.3	-0.2	1.7	2.5	0.5
	건설투자(%)	-1.3	1.7	-0.2	-3.5	-0.5	-3.3	-8.3	2.6
수출증가율(%)		-0.2	-1.7	10.8	3.9	3.4	6.8	2.2	0.7
소비자물가(%)		0.4	0.5	2.5	5.1	3.6	2.3	2.0	1.9
실업률(%)		3.8	4.0	3.7	2.9	2.77	2.8	2.8	3.0
취업자수 증감(만 명)		30.1	-21.8	36.9	81.6	32.7	15.9	17.0	11.0

F: 2025년 9월 15일 기준 전망치
(수출증가율은 재화와 서비스 수출 기준이며, 기준 시나리오(중립적 시나리오)를 전제로 전망)

정적으로 전개될 경우 세계 상품무역에 큰 조정이 있을 수 있음을 경고했다.[7] EIA[8]는 국제 유가가 지속적으로 하락할 것으로 전망했다. WIT 국제 유가를 기준으로 2024년 배럴당 76.6달러에서 하락세를 지속해 2025년 63.6달러, 2026년 47.8달러로 떨어질 것으로 전망하고 있다. 국제 유가 및 원자재 가격 하락은 세계 교역량 둔화에 상당한 영향을 미칠 것으로 판단된다.

---

7 WTO(2025.4), 「Global Trade Outlook and Statistics」

8 EIA(2025.8), 「STEO(Short-Term Energy Outlook)」

2026년 분절점, 어떻게 대응해야 하는가?

2026년은 순탄한 길이 아니다. 험난한 여정이다. 글로벌 경제는 파편화된 경제체제로 바뀌고, 세계 교역 체제는 자유무역주의에서 극단적 보호무역주의로 변화하는 양상이다. 그런 의미를 담아 2026년을 '분절점'이라고 명명했다. 세계 경제는 2020년 이전 수준의 중성장으로 회복하지 못하고, 저성장으로 고착할 전망이다. 2026년 우리는 처음 경험해보는 분절화된 세계 경제에 어떻게 대응해야 할지 모색해야 한다.

2001년 5월 25일, 에베레스트산을 정복한 인물이 있다. 시각장애인으로서는 역사상 최초로 에베레스트 정상(해발 8848m)을 오른 에릭 웨이헨메이어Erik Weihenmayer는 2001년 6월 타임지Times의 표지를 장식했고, 많은 사람에게 울림을 주었다. 눈으로만 길을 찾는 것이 아님을 보여준 최초의 인물이라고 평가하고 싶다. 에릭은 선천성 망막염으로 13세에 시력을 상실했다.

앞서가는 동료가 배낭에 종을 매달고 가면 종소리를 들으며 방향을 잡았다. 종은 에릭의 눈을 대신해주었다. 정상으로 향하는 여정은 아늑한 오솔길이 아니다. 울퉁불퉁한 돌들과 험난한 지형에 수없이 넘어지기를 반복하고 좌절을 경험했을 것이다. 빙하에 형성된 균열, 즉 깊게 갈라진 틈을 크레바스crebasse라고 하는데, 그 틈에 미끄러져

에베레스트를 정복한 세계 최초의 시각장애인 에릭 웨이헨메이어

자료: World Records Union

목숨을 잃을 뻔한 적도 있었다.

2005년 에릭은 도전에 정면으로 맞서고, 문제를 해결하며, 다른 사람을 위해 봉사하는 비영리단체 'No Barriers'를 설립했다. 2014년 에릭은 시각장애인 해군 참전 용사인 로니 베드웰Lonnie Bedwell과 세계에서 가장 힘난한 급류 지역으로 알려진 그랜드캐니언(446km)을 카약으로 횡단했다. 지금까지도 그의 책과 연설은 많은 사람들에게 울림을 주고 있다.

2026년 경제가 순탄하지 않다. 지경학적 분절화는 통제할 수 없는 험난한 길과 같다. 대외의존도가 높은 한국 경제는 더욱 취약할 수 있다. 지정학적 불안과 관세 전쟁과 같은 크레바스가 있을지도 모른다. 에릭이 동료의 종소리를 들으며 방향을 잡았던 것을 기억하자. 세계 경제를 관통하는 흐름과 변화를 이해하고, 이에 맞는 대응책을 세운다면 분명 정상을 정복할 수 있을 것이다. 경제의 3대 주체인 가계·기업·정부에게 각각 어떤 대응이 필요할지 제안해보고자 한다.

(1) 가계의 투자적 대응전략

"경제를 모르고 투자하는 일은 눈을 감고 운전하는 것과 같다." 이 말은 수천 번 수만 번 반복해도 과함이 없다. 경제를 이해해야 하는 이유는 경기 사이클상 어느 지점에 와 있고, 어느 지점으로 향하는지를 확인해야 하기 때문이다. 즉 시대를 구분해야 한다. 시대를 막론하고 항상 유망하기만 한 때는 없었다. 시대를 막론하고 항상 오르는 한 때도 없었다. 모든 자본시장과 자산시장은 오르고 떨어짐을 반복한다.

투자, 재테크, 자산 관리… 많은 사람들이 기본적으로 '돈을 어떤 형태로 가지고 있을까?'를 고민한다. 통장에 들어온 소득을 예·적금 통장에 둘 수도 있고, 주식의 형태로 돈을 가지고 있을 수도 있다. 달러의 형태로, 채권의 형태로, 금의 형태로, 코인의 형태로, 부동산의 형태로 가지고 있을 수 있다.

돈은 이동한다. 돈은 실시간으로 이동한다. 좀 더 자세히 표현하자면 돈은 높은 수익성을 찾아 실시간으로 이동한다. 돈의 이동은 곧 수요를 뜻한다. 주식시장으로 돈이 이동한다는 것은 수요가 늘어난다는 뜻이고, 공급이 그대로라는 가정하에 수요가 늘어나면 가격은 상승하는 법이다. 부동산 시장으로 돈이 이동한다는 것은 부동산 수요가 늘어난다는 것을 뜻하고, 이는 가격 상승세로 전개된다는 뜻이다.

경제를 안다는 것은 어떤 측면에서 돈의 이동을 안다는 의미와 같다. 시장은 거래가 이루어지는 공간을 뜻한다. 주식시장에 돈이 몰리면 주가가 오르고, 돈이 빠져나오면 주가가 빠진다. 돈이 몰리는 시장은 상승세를 보일 것이고, 돈이 빠져나오는 시장은 하락세를 보일 것이다. 2025년~2026년은 피벗의 시대다. 2020년~2021년과 같이 극단적인 저금리를 도입하는 완화의 시대도 아니고, 2022년~2024년과 같이 극단적인 고금리를 도입하는 긴축의 시대도 아니다. 극단적인 고금리와의 작별을 고하고, 각국 중앙은행이 생각하는 적정금리(중립금리)를 향해 기준금리를 점진적으로 인하해나가는 피벗의 시대다. 높은 금리일 때 은행에 머물고자 했던 돈이 점차 '이제 시장으로 나가볼까?' 하고 고민하는 시대다. 더구나 스테이블코인 발행 확산, 확장적 재정정책 등의 유동성 효과가 자본시장과 자산시장에 나타날 것으로 전망한다.

유동성 장세이니만큼 자본시장은 기본적으로 긍정적이겠지만 유의할 사항들이 있겠다. '유동성 파티'가 진행 중이겠지만 돌연 위험이 증폭될 수 있다. 왜냐하면 무리하게 유동성 장치를 도입하는 구간이기 때문이다. 채권시장 불안 등 위험한 요소들을 모니터링함으로써 대세 하락장을 구분하여 이탈할 필요가 있다. 미국과 일본의 금리 차가 축소되는 과정에서 엔 캐리 트레이드 청산이 일어날 수 있다. 시장에 들어왔던 대규모 자금이 빠져나감을 뜻하고, 이때 주식시장은 단기 조정을 피할 수 없다. 엔 캐리 청산 절차가 나타날 시그널을 모니터링해야 한다. 일본의 추가 기준금리 인상이나 미국의 추가 기준금리 인하를 앞두고 미국 달러화의 약세화가 나타날지가 주요 포인트가 될 것이다.

세계 경제가 저성장으로 고착하는 국면이기 때문에 유망산업을 주목하는 것이 절대적으로 필요하다. 유동성이 집중되는 영역과 섹터를 찾고, 유동성 파티를 즐겨야 할 때다. 기업들의 실적 발표가 있을 때마다 매출이나 영업이익에 실망하고 기대가 꺾이는 일들이 반복될 수 있다. 세계 경제성장률이 3% 수준이고 한국 경제성장률이 2%에 진입하기도 채 어려운데, AI 관련 산업의 실적은 25% 이상 증가하고 있지 않은가? 본서에서 강조하는 AI, AI 반도체, 스테이블코인, 전력 공급, 방위산업, 사이버 보안 등과 같은 글로벌 경제의 패러다임 전환을 이끄는 영역에서 많은 기회를 줄 것이다.

흔들림 없는 내 집 마련 전략을 세워야 한다. 2026년 경제를 유동성 장세라고 가정해도 될 법하겠지만, 2026년 부동산 시장은 2024년부터 시작된 장기적 추세와 동떨어져 전개될 것으로 판단된다. 정부는 '부동산 대개조'를 추진하고 있다. 평균적으로 전국 평균 아파트 매매가격이 완만하게 상승한다고 해서 전국적으로 통용되는 흐름은 아닐 것이다. 정책의 힘이 많이 작용하는 구간이기 때문에 수도권은 누르되, 악성 미분양 주택이 과도하게 많이 쌓여 있는 지역에서 기회가 올 수 있다. 과거 어느 때보다 정책적 영향이 많이 나타날 것이므로 부동산 정책 발표에 관심을 기울일 필요가 있다고 판단한다.

(2) 기업의 전략적 대응

경제가 바다라면 기업은 배와 같다. 작디작은 배가 경제라는 거대한 바다에 놓여 있다. 국내외 경제환경은 수많은 변수로 구성되어 있고, 환경은 끊임없이 변화한다. '지경학적 분절화'라는 큰 힘이 세계 경제의 판도를 바꿀 수 있기 때문에 한시도 긴장감을 내려놓을 수 없다.

더불어 스테이블코인 전쟁에 대응해야 한다. 달러 스테이블코인이 범용화되고, 원화를 대체해나갈 것이다. 통화 주권을 잃거나 외환 관리에 상당한 어려움이 생길 수 있다. 지급결제 시장도 뺏길 수 있다. 이에 대응하기 위한 움직임으로 원화 스테이블코인을 법제화하는 움직임이 일 것이다. 원화 스테이블코인 도입은 이재명 대통령의 대선 공약 사항이기도 하다. 은행권 공동으로 원화 스테이블코인 발행을 추진 중에 있는 바, 기업들은 스테이블코인 유통의 벨류체인 내에서 특화할 수 있는 비즈니스 영역을 찾아야 한다. 혹은 스테이블코인 활용을 통해 운영 효율성을 높이는 방안에 대해서도 고민이 필요하다.

디지털 트랜스포메이션과 AI의 일상화는 거스를 수 없는 패러다임의 변화다. 역행하거나 이끌려 다녀서는 안 된다. 이러한 변화를 선도해야 한다. AI 기반의 디지털 트랜스포메이션이 전개됨에 따라 벨류체인 내 유망한 영역을 포착하고, 핵심 기술을 장악하는 R&D 로드맵을 짜야 한다. 즉 '세계 경제의 저성장 고착화'에 대응해야 한다. 저성장에 안주하는 것이 아니라, 끊임없이 성장 동력을 확보하는 데 게을러서는 안 된다. 한국의 잠재성장률은 2% 수준이지만, AI 관련 산업의 성장세는 무려 25%에 달한다. 실제로 엔비디아의 실적은 전년 대비 50% 이상 증가하고 있다. 끊임없이 관련 혹은 비관련 산업에 걸쳐 유망 산업으로의 진출을 시도해야 한다.

지경학적 분절화에 대응해야 한다. 극단적 보호무역주의 시대로 전환되고 있다. 세계 주요국들이 무역 제한 조치를 확대하고 있는 추세다. 수출 기업에게 걸림돌로 작용할 만한 요소가 많아졌다. 앞만 보고 열심히 생산하는 것이 아니라, 주요 수출 대상국들이 어떤 보호무역 조치를 새롭게 도입하는지를 모니터링할 필요가 있다. 특히 신시장을 개척할 때 대한무역투자진흥공사KOTRA나 한국무역협회KITA 등으로부터 국가별 보호무역 조치 현황 등에 대한 조언과 대응 지침 등을 사전에 숙지할 필요가 있다. 글로벌 공급망 재편이 더욱 본격화될 것이다. 세계 각국이 미국에 저항하기보다 살길을 모색하기 위해 연대를 강화하고, 이에 글로벌 공급망의 재편이 이루어질 것이다. 인도, 인도네시아, 베트남 등과 같은 주요 신흥국들과 경제적 교류를 확대하고, 신시장 진출을 꾀해야 한다. 성장하는 국가에 초기 수출 기반을 다져놓는 것은 그 국가의 성장과 기업 성장의 궤를 함께함을 의미한다.

(3) 정부의 정책적 대응전략

정부는 가계와 기업이 경제활동에 참여하고 그 성과를 온전히 맛볼 수 있도록 안전한 경제환경을 조성하는 데 모든 노력을 쏟아부어야 한다. 지경학적 분절화의 시대, 스테이블코인 전쟁의 시대에 금융시장의 변동성이 커질 수 있다. 외환 건전성을 확보하고 금융 불안을 해소함으로써 가계와 기업이 흔들림 없이 경제활동을 영위할 수 있도록 해야 한다.

복잡한 국제 정세의 변화에 유연한 대응책들을 갖추어야 한다. 안미경중은 사라졌다. 안보는 미국이고, 경제는 중국이라니. 이제는 미국과 중국 모두 중요하다. 지정학적 긴장감과 경제학적 경쟁 구도가 복잡하게 얽힌 새로운 숙제가 던져졌다. 빼앗으려 하는 자와 뺏기지 않으려는 자 간의 치열한 세 싸움이 벌어지고 있다. 외교, 통상, 경제정책을 총동원하고 기업, 정부, 전문가들의 지략을 모아야 한다. 다양한 대응 전략들을 갖춰야만 유연하게 대응할 수 있다. 베테랑 타자를 상대하기 위해서는 다양한 투구를 준비해야만 제대로 상대할 수 있듯 말이다.

복잡한 숙제를 푸는 공식은 결코 간단할 수 없다. 첫째, 실리적 외교로의 전환이 필요하다. 이념적으로 함께하는 동맹국들과 이해관계를 함께하기 어려울 수 있다. 외교·안보적으로 동맹관계를 굳건히 하되, 경제적 파트너 관계는 별개가 되도록 해야 한다. 합종연횡으로 새로운 파트너십이 형성되고, 글로벌 공급망이 재편될 것이므로 기술

협력·수출입·공급망 등의 구조를 재편하기 위한 고민이 필요한 시점이다. 둘째, 표면적으로는 미국에 대규모 투자를 단행하되, 실리적으로는 한국이 더 많은 것들을 가져올 수 있는 방안을 고민해야 한다. 첨단 기술의 이전, 기술 인재의 유치, 거대 시장의 확보 등 실리적으로 효용을 극대화할 방안을 치밀하게 고민해야 한다. 셋째, 새로운 성장 모델을 구축해야 한다. 미국 현지 투자가 큰 폭으로 증가할 것이기 때문에 새로운 약탈 경제 시대에 경쟁 우위를 갖출 수 있는 기술을 확보해야 한다. 세계 무대에서 주력산업의 현지 생산 과정이 이루어지더라도, 국내에서는 미래산업을 위한 독자적인 기술 확보에 정진해야 한다.

지경학적 분절화의 시대, 안보 체계를 강화하고 방위산업의 기회를 포착해야 한다. 경제를 '먹고 사는 문제'라 하지만, 안보는 '죽고 사는 문제'다. 안보 체계가 무너지면 경제도 함께 무너지는 것이니, 국내의 무기 체계 및 군사적 동맹을 강화해야 하겠다. 더불어 안보적으로 비동맹 국가들과는 외교적인 접근을 통해 경제 교류에 부정적 영향이 없도록 노력해야 한다. 한편, 세계 4강을 위한 K방산 로드맵을 짜야 한다. '무기 체계의 첨단화'를 이루어야 한다. 지금까지의 '가성비'를 앞세운 무기 수출에 머물 것이 아니라, 드론·위성통신·AI 등의 첨단 기술이 접목된 무기 생산에 집중해야 한다. 이를 위해 국방 R&D를 강화하고, 전문 인력을 확보하는 노력도 함께해야 하겠다.

자원 전쟁의 시대에 자원 안보가 필요하다. 지경학적으로 분절화가 전개되고 있다는 점에서 자원을 안정적으로 수급하는 독자적인 공급망을 확보하는 것은 더욱 중대한 일이 될 것이다. 특히, 미중 패권 전쟁이 격화됨에 따라 중국으로부터 자원 수급을 제재하는 일이 발생하거나, 중국이 일방적으로 자원 공급을 차단하는 일이 반복될 수 있다. 미국 내 자원 개발사업에 투자하고, 그 밖의 주요 자원 강국과의 파트너십을 강화하며, 국내 자원 및 제조기업들이 해외 개발권을 매입할 수 있도록 하는 지원책을 마련해야 한다. 아무리 첨단화된 반도체와 차세대 배터리도 자원 없이는 그림의 떡이요, 물 위의 물거품이다.

정부는 미국의 국채 불안이 한국에 전이되는 일을 막기 위해 노력해야 한다. 미국 국채금리는 세계 금융시장의 기준점 역할을 한다. 세계 국가들의 대출 금리, 채권 금리, 기업의 자금 조달 비용 등이 미국 국채금리를 따라 움직이기 때문이다. 미국 정부의 국채 매도 스케줄을 점검하고, 기관들의 자산운용 면에서 국채 매입 규모와 시점을 적절히 조절할 수 있도록 해야 한다. 금융시장의 변동성이 커질 수 있고, 국채금리가 등락을 반복할 수 있기 때문에 기업들의 채권발행에 유의할 필요가 있다.

AI를 통한 성장 전략에 성공해야 한다. 첫째, 다양한 스타트업들이 등장하고, 유니콘 기업으로 성장할 수 있는 환경을 마련해야 한다. 아이디어와 기술을 교류하며 안정적으로 자금을 마련할 수 있도록 해야 한다. 둘째, 규제 완화가 절대적이다. 기업들은 10년 후 미래를 고민하고 있는데, 규제는 10년 전의 상황에 맞춰 짜여 있다. 미래형 유망 기술과 산업이 등장하기 위해서는 그에 맞는 수준의 규제환경이 조성될 필요가 있다. 셋째, 기술 인재를 확보해야 한다. 세계 각국이 AI 인재를 육성하고, 확보하기 위한 경쟁이 격화되어 있다. 우수한 인재들이 AI 플랫폼이라는 미래산업을 이끌어나갈 수 있도록 충분한 보상 체계와 성장의 기회를 제공해야 한다.

중국의 기술 추격 및 기술 선도를 하나의 상수로서 가정하고 대응책을 고민해야 한다. 중국의 기술적 수준은 미국이 긴장할 만큼 성장했다. 중국산을 재정의할 때다. 글로벌 유망산업 내에서 한국이 특화할 수 있는 세부 기술 영역을 구분하고, 집중적인 R&D 예산 투입과 기술 인재 육성이 절대적으로 필요하다. 국내 상황만 고려한 규제보다는 세계적으로 완화된 규제환경을 마련하는 것도 뒤로 미룰 수 없는 과제다. 특정 기술 영역만큼은 어떤 국가로부터도 추격을 불허한다는 절박함이 필요하다. 더 이상 물러설 데가 없다. 산업 기술을 재설계하고, 재도약의 기회를 찾아야 한다.

사이버 보안 체계를 구축해야 한다. 기업도 단단한 준비가 필요하지만, 국가적 보안 대응이 필요한 상황이라고 판단한다. 이를 방어하기 위해 기업뿐 아니라 국가적 차원의 방지 대책에 대한 입법과 예산 지원이 필요할 것이다. 중국 해커, 러시아 해커 등이 미국 재무부를 침투했었던 일부터, 국내 금융망까지 해킹해왔던 경과를 지켜보면 개별 기업들의 대처도 중요하지만 국가적 차원에서 사이버 보안을 강화해나가야 하는 상황이라고 판단된다. 사이버 보안 인력을 양성하고, 사이버 보안 기술 R&D에 투자하고, 주요국들과 기술 교류를 추진하는 노력이 필요하다.

많은 사람들이 AI에 의해 대부분의 일들이 사라질 것이라고 걱정한다. '사라지는 것들'에만 관심을 두지 말고 '생겨나는 것들'에도 주목해야 한다. 변화한다는 것은 사라짐을 뜻하는 것이 아니라, 사라지면서 동시에 생겨남을 뜻한다. 무엇이 사라지고 무엇이 생겨나는지를 그림 그려야 한다. 정부는 사라지는 일자리의 인력들이 재교육과 훈련을 통해 생겨나는 일자리로 재배치 될 수 있도록 하는 '리스킬 업스킬re-skill and up-skill' 로드맵을 구축해야 한다. 일자리가 부족하다는 청년의 눈물도, 인력이 부족하다는 중소기업의 호소도 이러한 로드맵에 모두 담겨야 하겠다.

스테이블코인 전쟁
2026년 경제전망

초판 1쇄 인쇄 2025년 9월 16일
초판 1쇄 발행 2025년 9월 26일

지은이 김광석
펴낸이 정병철
펴낸곳 ㈜이든하우스출판

출판등록 2021년 5월 7일 제2021-000134호
주소 서울시 마포구 양화로 133 서교타워 1201호
전화 02-323-1410 **팩스** 02-6499-1411
메일 eden@knomad.co.kr

ⓒ 김광석, 2025
ISBN 979-11-94353-31-7 (03320)

- 잘못된 책은 구입하신 곳에서 바꿔드립니다.
- 이 책은 저작권법에 의하여 보호를 받는 저작물이므로 무단 전재와 복제를 금합니다. 이 책 내용의 전부 또는 일부를 이용하려면 반드시 저작권자와 ㈜이든하우스출판의 서면 동의를 받아야 합니다.

> ㈜이든하우스출판은 여러분의 소중한 원고를 기다립니다.
> 책에 대한 아이디어와 원고가 있다면 메일 주소 eden@knomad.co.kr로 보내주세요.